# A Psique na Antigüidade

LIVRO DOIS

*Gnosticismo e Primórdios da Cristandade*

# A Psique na Antigüidade

## LIVRO DOIS

## Gnosticismo e Primórdios da Cristandade

**Edward F. Edinger**
Organizado por Deborah A. Wesley

*Tradução*
ALÍPIO CORREIA DE FRANCA NETO
SANDRA MARA FRANCA

*Revisão Técnica*
MARCIA TABONE

EDITORA CULTRIX
São Paulo

Título do original:
*The Psyche in Antiquity – Book Two*
*Gnosticism and Early Christianity*

Copyright © 1999 Dianne D. Cordic.

Todos os direitos reservados. Nenhuma parte deste livro pode ser reproduzida ou usada de qualquer forma ou por qualquer meio, eletrônico ou mecânico, inclusive fotocópias, gravações ou sistema de armazenamento em banco de dados, sem permissão por escrito, exceto nos casos de trechos curtos citados em resenhas críticas ou artigos de revistas.

O primeiro número à esquerda indica a edição, ou reedição, desta obra. A primeira dezena à direita indica o ano em que esta edição, ou reedição, foi publicada.

| Edição | Ano |
|---|---|
| 1-2-3-4-5-6-7-8-9-10 | 00-01-02-03-04-05-06 |

Direitos de tradução para a língua portuguesa
adquiridos com exclusividade pela
EDITORA CULTRIX LTDA.
Rua Dr. Mário Vicente, 374 — 04270-000 — São Paulo, SP
Fone: 272-1399 — Fax: 272-4770
E-mail: pensamento@cultrix.com.br
http://www.pensamento-cultrix.com.br
que se reserva a propriedade literária desta tradução.

*Impresso em nossas oficinas gráficas.*

# Sumário

**Livro Um: Filosofia Grega Antiga**

Nota do Autor e Ilustrações .................................................. 6
1. Introdução ................................................................... 7
2. Os Filósofos Milésios ..................................................... 19
3. Pitágoras .................................................................... 31
4. Heráclito ..................................................................... 45
5. Parmênides e Anaxágoras ............................................. 55
6. Empédocles ................................................................ 67
7. Sócrates e Platão ......................................................... 81
8. Aristóteles .................................................................. 99
9. Zenão de Cício ........................................................... 115
10. Filo ......................................................................... 133
11. Plotino .................................................................... 153
12. Conclusão ................................................................ 171
Tributo do Editor a Edward F. Edinger ............................... 185
Bibliografia .................................................................... 189
Índice Remissivo ............................................................ 193

**Livro Dois: Gnosticismo e Primórdios da Cristandade**
(*publicado separadamente*)

Nota do Autor e Ilustrações .................................................. 6
1. Introdução ................................................................... 7
2. Paulo de Tarso ............................................................ 23
3. Simão Mago ................................................................ 43
4. Márcion ...................................................................... 59
5. Basílides de Alexandria ................................................. 76
6. Valentino .................................................................... 93
7. Clemente de Alexandria ............................................... 111
8. Orígenes .................................................................... 127
9. Tertuliano .................................................................. 146
10. Mani ........................................................................ 165
11. Santo Agostinho ........................................................ 181
12. Conclusão ................................................................ 201
Bibliografia .................................................................... 216
Índice Remissivo ............................................................ 219

# Nota do Autor

A *Psique na Antigüidade* começou na forma de duas séries de palestras dadas no C. G. Jung Institute em Los Angeles no inverno de 1993 e 1994. O Livro Um (*Filosofia Grega Antiga*) e o Livro Dois (*Gnosticismo e Primórdios da Cristandade*) foram originariamente transcritos de uma gravação em fita cassete por Charles Yates, M.D., que também, juntamente com Dianne Cordic, revisou parte do Livro Um. Deborah Wesley revisou o Livro Dois, completou o trabalho acerca do Livro Um e conferiu unidade ao estilo do todo. As ilustrações são de Charlene M. Sieg.

Agradeço a todos por sua dedicação no trabalho e especialmente a Deborah Wesley, por ter-se responsabilizado por colocar esse material difícil em forma final.

*Edward F. Edinger*
*Los Angeles*

---

# Ilustrações

Página 51: O Sistema de Simão Mago
Página 70: O Sistema Marcionita
Página 78: Teologia de Basílides
Página 83: A Ascensão da Alma
Página 96: O Sistema Valentiniano

# 1

# Introdução

O livro *Aion* de C. G. Jung, escrito em 1951, assentou as bases para uma nova disciplina a que se pode chamar psico-história arquetípica. Esse método estuda os movimentos do inconsciente coletivo à proporção que se torna manifesto por meio da história política e cultural. No presente estudo, faz-se uma tentativa de levar o método a estabelecer relações com algumas das mudanças que ocorreram no começo da era cristã.

Dois mil anos atrás, a psique coletiva passou por uma profunda convulsão, que apresenta paralelos notáveis com nossa época. Essa convulsão mais antiga significou a morte e o renascimento da imagem de Deus em funcionamento. Há evidências de que o mesmo fenômeno está ocorrendo atualmente. Esse grande drama histórico dos primórdios cristãos desenrolou-se em grande parte na forma de um confronto entre os dois protagonistas principais, Roma e Judéia. Em Roma, depois de décadas de uma guerra civil desmoralizadora que destruiu a República Romana, o Estado foi restabelecido temporariamente como Império Romano, com governo absolutista por parte de um imperador deificado. A virtude civil que fora característica da república foi cada vez mais substituída em função de pura cobiça e poder. A autêntica devoção religiosa e o serviço patriótico, que foram típicos da nobreza romana da República, perderam-se no Império. A religião das pessoas perverteu-se cada vez mais com o Estado a servir os motivos pessoais de poder de seus líderes.

Até a famosa tolerância religiosa de Roma constituiu-se em uma manobra cínica do poder, de acordo com a conhecida observação de Gibbon:

> Os diversos modos de culto que prevaleceram no mundo romano foram todos considerados pelas pessoas como igualmente verdadeiros; pelo filósofo como igualmente falsos; e pelo magistrado como igualmente úteis.[1]

É improvável que as pessoas comuns fossem tão tolerantes quanto Gibbon afirma, porém, para essa classe governante tal cinismo prevaleceu com respeito à religião. Ademais, os efeitos moralmente corrosivos da escravidão universal estavam quase inteiramente inalterados, mesmo pelos homens mais sábios da época. Jung afirma sobre Roma antiga:

> Os homens daquela época estavam maduros para a identificação com o Verbo tornado carne, para a fundação de uma comunidade unida por uma idéia, em nome da qual pudessem amar uns aos outros e se chamarem de irmãos... [Houve] uma necessidade elementar nas grandes massas da humanidade para vegetar nas trevas espirituais. Elas foram evidentemente impelidas a isso por meio de necessidades interiores mais profundas, pois que a humanidade não avança num estado de licenciosidade... Mal podemos compreender o torvelinho de brutalidade e libido desenfreada que rugiu através da Roma imperial.[2]

---

1. *The Decline and Fall of the Roman Empire*, vol. 1, p. 22.
2. *Symbols of Transformation*, CW 5, par. 104. [CW se refere do começo ao fim ao *The Collected Works of C. G. Jung*]

A Judéia, por outra parte, era uma província minúscula no vasto império romano que possuía exatamente o que faltava a Roma: uma religiosidade profunda e autêntica que lhe regia a vida cotidiana. Essa fé estava enraizada numa tradição histórica profética que foi cultuada nas escrituras sagradas. Sua deficiência, do ponto de vista da humanidade como um todo, foi ser uma religião concreta, regional e altamente exclusiva: os judeus tinham com Yahweh uma relação reservada unicamente para eles. Isso conferiu-lhes certa autonomia espiritual, que por sua vez facultou-lhes fazer face ao poderoso Império romano de modo surpreendente. A um só tempo, sua arrogância espiritual os pôs de parte e gerou animosidade em todos os lados.

Os judeus, entretanto, tampouco achavam-se em condição de estabilidade psíquica, já que a tradição religiosa na Judéia também estava em sublevação. No nível político, esse povo orgulhoso estava-se aborrecendo sob o domínio cruel de Roma. Além do mais, a religião sacerdotal do sacrifício animal e da adesão estrita e literal à lei mosaica estava sendo questionada. Pela época de Jeremias, ouvimos falar acerca de uma assim chamada nova aliança, diferente da antiga, que prometia que "porei minha lei em suas partes interiores, e a gravarei no seu coração".[3]

Além disso, uma nova imagem arquetípica estava aflorando na psique judaica. O Deus-imagem Yahweh era a do pai, porém, começando algumas centenas de anos antes da nova era, encontramos uma outra imagem emergente, a do Filho, chamado de "Filho de Deus" ou "Filho do homem". Desde o início da tradição judaica, Yahweh designara Israel, a entidade nacional coletiva, como seu filho. A nova formulação estava dando origem a uma outra versão do filho, um

---

3. Jer. 31:33; AV. [Fontes bíblicas são identificadas do começo ao fim de acordo com a versão: AV (Authorized Version [versão autorizada], JB (Jerusalem Bible [Bíblia de Jerusalém]), NEB (New English Bible [Nova Bíblia Inglesa]) e KJ (King James Version [Versão do Rei Jaime])]

filho de uma natureza diferente e mais específica do que a condição de filho coletiva de Israel como um todo.

Jung analisa essa questão em "Resposta a Jó", onde fala dos efeitos do embate de Yahweh com Jó.[4] Por causa desse envolvimento e da consciência da natureza de Yahweh adquirida por Jó, Yahweh foi obrigado a encarnar e a se tornar homem. Jung demonstra que essa tendência revelou-se sucessivamente, primeiramente em Ezequiel, sobretudo na grande visão deste, e então posteriormente, nos livros de Daniel e de Enoch. Em todas essas fontes, o termo "Filho do homem" tornou-se proeminente. Ezequiel foi mencionado por Yahweh como o "Filho do homem", o livro de Daniel se refere ao "Filho do homem" e Enoch é especificamente designado como "Filho do homem". Jung está convencido de que Jesus conheceu o livro de Enoch e que se apropriou do termo "Filho do homem".

A imagem do "Filho do homem" passou pelo crivo severo dos eruditos religiosos. Qualquer símbolo vivo semelhante a esse exerce efeito de fascínio, e os estudiosos e comentadores reúnem-se em torno dessas coisas como mariposas ao redor da vela. A idéia do "Filho do homem" pode ser entendida em dois níveis. Um é o nível pessoal, redutivo, em que não significa mais do que aquele que nasceu de uma mulher. Obviamente, o contexto de algumas passagens bíblicas não corresponde a explanação tão simples. Em um outro nível, "Filho do homem" é um termo messiânico e escatológico. Refere-se a alguma coisa que deriva da dimensão transpessoal, divina.

Em termos de psicologia, o fato de que as expressões "Filho de Deus" e "Filho do homem" são por vezes intercambiáveis, sobretudo nos relatos do Evangelho, é compreensível porque a individuação procede de dois centros no indivíduo — ambos do *Self* e do ego. Nesse sentido, o termo "Filho do homem" é paralelo ao ego como um centro, e o termo "Filho de Deus" é paralelo ao *Self* como um centro da personalidade individualizante.

---

4. *Psychology and Religion*, CW 11, pars. 667ss., 681, 683.

A figura do "Filho do homem" estava emergindo na psique judaica com dois ou três séculos de vantagem quanto à época de Cristo. Essa mesma figura se ligava igualmente aos termos "Messias", "rei ungido" e "Cristo". Essas três palavras significam exatamente a mesma coisa. *Christos* é o termo grego que designa ungido. Alguém é ungido pelo "crisma" (que deriva da mesma raiz). Messias também significa o ungido. A idéia fundamental é a de que o Filho do homem está vindo na condição do ungido, enviado por Deus para trazer a salvação à humanidade e para funcionar como um mediador entre aquele e esta, a qual corre o risco de perder seu vínculo com o divino.

De vez que a figura do Messias foi desenvolvida nas escrituras, ela assumiu um duplo aspecto. Um elemento foi o de um servo sofrendo: o sofrimento injusto foi de bom grado aceito pelo Messias a fim de redimir a humanidade do pecado. Isaías, 53, é a afirmação clássica dessa face do Messias. O outro aspecto é como um rei triunfante vindo em julgamento, derrotando os inimigos de Israel, trazendo um reinado perpétuo de justeza — por exemplo, a descrição em Salmos, 2. Os judeus esperavam uma versão concreta e literal do segundo tipo, o de um rei, e é em grande parte por essa razão que eles se recusaram a aceitar Jesus com sua execução humilhante e com o fracasso aparentemente total de sua vida.

De acordo com Josefo, houve quatro escolas rivais ou seitas entre os judeus na época de Cristo.[5] Uma eram os saduceus, o sacerdócio do templo, que representava o *establishment* conservador. Eles eram práticos e não aceitavam as fantasias teológicas ou a elaboração da doutrina. Diferentemente dos saduceus, os fariseus eram teólogos. Eram mais imaginativos, mais meditativos, mais introvertidos. Acreditavam na ressurreição e no destino. Nenhum desses grupos se achava particularmente influenciado pela imagem que vinha à luz do Messias, já que estavam por demais enraizados no funcionamen-

---

5. Antiq. XVIII, I, 2-6, in William Whiston, trad., *Josephus Complete Works*.

to diário da corrente principal da humanidade. As outras duas seitas, possuídas pelo arquétipo, foram os essênios e os zelotes. Estes eram revolucionários e incendiários que procuravam expulsar Roma da Judéia por meios militares, e que esperavam a vinda de um Messias político que literalmente os livraria do governo romano e restabeleceria a monarquia de Israel. Achavam-se tomados pelo arquétipo do Messias num sentido muito concreto. O outro grupo, o dos essênios, foi a seita mencionada nos Manuscritos do Mar Morto. Em grande parte se haviam separado do clero de Jerusalém e se haviam mudado para o deserto, onde tiveram uma vida monástica à espera do Messias, aguardando diariamente o fim do mundo. Foram um exemplo surpreendente do poder do arquétipo do Messias.

Seja qual for a influência dessas seitas, o fato ainda é que o arquétipo emergente do Messias teve sua expressão mais plena e seus efeitos mais duradouros na vida de Jesus Cristo e na comunidade que se cristalizou em torno de sua figura depois de sua morte. As idéias fundamentais do mito do Messias à proporção que vieram à luz nos séculos posteriores à morte de Jesus são como segue:

O Filho de Deus preexistente, unicamente concebido, esvazia-se de sua divindade e é encarnado como homem pelo expediente do Espírito Santo que fecunda a Virgem Maria. Seu nascimento em lugar humilde é acompanhado de eventos numinosos, e ele sobrevive a graves perigos no início. Quando chega à maturidade, entrega-se ao batismo por parte de João Batista, e testemunha a descida do Espírito Santo, significando sua vocação. Ele escapa à tentação do demônio e leva a efeito seu ministério, que proclama um Deus benevolente e de amor, e anuncia a vinda do "Reino dos Céus". Depois de incertezas angustiantes, ele aceita seu destino e entrega-se para ser aprisionado, tentado, flagelado, ridicularizado e crucificado. Depois de três dias na tumba, de acordo com muitas testemunhas, ele ressuscita. Durante quarenta dias ele caminha e conversa com seus discípulos e depois ascende aos céus. Dez dias depois, no Pentecostes, o Espírito Santo desce, o prometido Paráclito.⁶

Quando examinamos os relatos que restam concernentes à figura de Jesus, rapidamente se torna evidente que a história pessoal do homem individual acha-se tão perpassada pela descrição da função arquetípica nele projetada, que é impossível separar o Jesus histórico da figura mitológica. Jung comenta sobre esse mito numa carta a Upton Sinclair, que escrevera uma vida de Jesus e a enviara para os comentários dele. Sinclair tratara Jesus em grande parte em seu aspecto pessoal e humano. Jung respondeu:

> Se na verdade Jesus não tivesse sido senão um grande mestre desesperadamente equivocado em Suas expectativas messiânicas, nada deveríamos compreender acerca de Seu efeito histórico... Se, por um lado, não podemos entender por meios racionais o que é um Deus-homem, então não sabemos sobre o que é o Novo Testamento; mas seria apenas nossa tarefa entender o que eles compreendiam por um "Deus-homem".
>
> Você fornece um retrato excelente de um possível mentor religioso, mas não nos dá nenhum entendimento do que o Novo Testamento tenta contar, a saber, a vida, o destino e o efeito de um Deus-homem [ou seja, do arquétipo]...
>
> Existem razões por que eu deveria propor lidar com o cristão de um modo um pouco diferente. Acho que deveríamos admitir que não entendemos o enigma do Novo Testamento. Com os meios de que dispomos no presente não podemos desvendar uma história racional dele a não ser que interfiramos nos textos. Se assumirmos esse risco, poderemos interpretar diversas histórias nos textos e poderemos até dar-lhes certa quantidade de probabilidade:

---

6. Edinger, *The Christian Archetype: A Jungian Commentary on the Life of Christ*, p. 16. [*O Arquétipo Cristão*, publicado pela Editora Cultrix, São Paulo, 1988.]

1. Jesus é um mentor idealista e religioso de grande sabedoria, ciente de que Sua doutrina causará a impressão necessária, bastando para isso que Ele esteja disposto a sacrificar Sua vida por ela. Assim, Ele força a questão numa completa antevisão dos fatos que ele tem intenção de acarretar.

2. Jesus é uma personalidade muito tensa e vigorosa, sempre em descompasso com o ambiente que O cerca e possuída de uma vontade de poder terrível; no entanto, por ser dotado de inteligência superior, Ele percebe que de nada adiantará afirmá-la no plano terreno da sedição política como o fizeram tantos zelotes semelhantes nos Seus dias. Em vez disso, ele prefere a função de antigo profeta e reformador do Seu povo, e institui um reino espiritual em vez de uma rebelião política bem-sucedida. Com esse objetivo, ele adota não só as expectativas messiânicas do Antigo Testamento, mas também a então popular figura do "Filho do homem" no Livro de Enoch; porém, intrometendo-se no remoinho político em Jerusalém, Ele vê-se preso em suas intrigas e encontra um final trágico com o pleno reconhecimento de Seu fracasso.

3. Jesus é uma encarnação do Pai-Deus. Como um Deus-homem, Ele caminha pela terra atraindo para Si os [escolhidos] de Seu Pai, anunciando a mensagem da salvação universal e sendo o mais incompreendido. Como coroação de sua curta carreira, ele realiza o sacrifício supremo, oferecendo-Se como a hóstia perfeita, e assim redime a humanidade da perdição eterna.[7]

É evidente nessa passagem (e também numa carta posterior a Sinclair)[8] que, no que concerne ao Jesus histórico, Jung concorda com a segunda descrição. A terceira interpretação, evidentemente, é só uma imagem do arquétipo. A vida de Cristo do modo como nos chega parece uma imagem simbólica de dois eventos separados, sobrepostos. Em um, o Filho de Deus desce à terra para encarnar como

---

7. *Letters*, vol. 2, pp. 89s.
8. Ibid., pp. 201ss.

homem. No segundo, o ser humano se envolve com o arquétipo da imagem-de-Deus e vê-se preso ao incorporá-la. Em termos de psicologia, em primeiro lugar o *Self* penetra o ego e, em segundo, este se torna consciente do *Self* e ligado a ele, o que é exatamente o evento que sucedeu na psique coletiva dois mil anos atrás.

Na psique judaica, a seita cristã que veio à luz em torno da figura de Jesus foi uma heresia posteriormente extirpada. O mesmo não se pode dizer acerca da psique greco-romana, em que as conseqüências foram imensas. É óbvio que a psique clássica, mais do que a judaica, necessitava do que a nova imagem-de-Deus tinha a oferecer. A psique clássica decadente baseou-se nos princípios de prazer e poder: matéria, dinheiro e o poder do Estado residindo nas mãos dos imperadores deificados, que delegavam partes de seu poder arbitrário a favoritos. A figura de Cristo gerou o pólo oposto na psique coletiva: a dimensão espiritual, de outro mundo, da existência, a dimensão que faltava na alma clássica. Como diz Jung, "[A emergência da] Cristandade em si significou o colapso e o sacrifício dos valores culturais da Antiguidade, ou seja, da atitude clássica".[9] Ele desenvolve essa idéia numa obra posterior:

> Um dos exemplos mais brilhantes do sentido da personalidade que a história conservou para nós é a vida de Cristo. Na Cristandade, que, diga-se de passagem, foi a única religião que realmente sofreu perseguição por parte dos romanos, aflorou um oponente direto da loucura do César, que afligiu não só o imperador, mas também cada romano... A oposição revelou-se em toda parte em que o culto do César conflitava com a Cristandade; porém, conforme sabemos do que nos dizem os evangelistas acerca do desenvolvimento psíquico da personalidade de Cristo, essa oposição foi combatida até o fim de maneira decisiva na alma de seu fundador. A história da Tentação revela claramente a natureza do poder psíquico com que Jesus entrou em choque; foi o demônio embriagado de poder da psi-

---
9. *Psychological Types*, CW 6, par. 30.

cologia predominante do César que levou Cristo às medonhas tentações no deserto. Esse demônio era a psique objetiva que conservava sob seu jugo todos os povos do império romano, e eis por que ele prometeu a Jesus todos os reinos da terra, como que a tentar fazer dele um César. Obedecendo ao chamado interior de sua vocação, Jesus voluntariamente expôs-se às investidas da loucura imperialista que a todos tomava, tanto conquistador como conquistado. Dessa forma, ele reconheceu a natureza da psique objetiva que mergulhara todo o mundo em infelicidade e que gerara certo anseio de salvação, que encontrava expressão até nos poetas pagãos. Longe de se reprimir ou de se permitir reprimir por parte desse violento ataque psíquico, deixou que agisse sobre ele conscientemente e o assimilou. Assim é que o cesarismo conquistador do mundo transformou-se em reinado espiritual, e o Império Romano no reino universal de Deus que não pertencia a este mundo. Enquanto toda a nação judaica estava esperando um herói de ação, com mente imperialista e política na forma de um Messias, Jesus satisfazia a missão messiânica não tanto para sua própria nação mas sobretudo para todo o mundo romano, e apontava para a humanidade a antiga verdade de que onde impera a força não há amor, e onde o amor reina a força não importa. A religião do amor era a exata contrapartida psicológica para o culto demoníaco do poder em Roma.[10]

Jung se vale desse mesmo tema em uma outra carta:

Tome o caso clássico da tentação de Cristo como exemplo. Dizemos que o demônio o tentou, mas poderíamos dizer também que um desejo inconsciente pelo poder confrontou-o na forma do demônio. Ambos os lados aparecem aqui: o lado da luz e o da sombra. O demônio quer tentar Jesus para se proclamar senhor do mundo. Jesus não quer sucumbir à tentação; então, graças à função que resulta de cada conflito [a função transcendente], aparece um símbo-

---

10. "The Development of Personality", *The Development of Personality*, CW 17, par. 309.

lo: trata-se da idéia do Reino dos Céus, um reino espiritual em vez de material. Duas coisas estão unidas nesse símbolo, a atitude espiritual de Cristo e o desejo demoníaco de poder. Assim, o embate de Cristo com o demônio é um exemplo clássico da função transcendente.[11]

Falando numa breve reunião informal em Nova York em 1937, Jung teceu estas observações cândidas:

> Jesus, vocês sabem, foi um menino nascido de uma mãe solteira. Esse menino é chamado ilegítimo, e há certo preconceito que o coloca em grande desvantagem. Ele sofre do terrível sentimento de inferioridade que ele seguramente tem de compensar. Daí a tentação de Jesus no deserto, em que o reino lhe foi oferecido. A essa altura, ele deparou com seu pior inimigo, o demônio do poder; mas foi capaz de perceber isso, e de recusá-lo. Ele disse, "Meu reino não é deste mundo". Mas, ainda assim, era "reino". E vocês se lembram daquele incidente estranho, a entrada triunfal em Jerusalém. O fracasso total veio na crucificação, com as palavras trágicas, "Meu Deus, meu Deus, por que me abandonaste?"; se vocês quiserem entender toda a tragédia dessas palavras, devem compreender o que elas significavam: Cristo via que toda a sua vida, dedicada à verdade de acordo com suas melhores convicções, fora uma ilusão terrível. Ele a vivera ao máximo e de modo absolutamente sincero, criara sua experiência honesta, mas ela foi, todavia, uma compensação. Na Cruz, sua missão o deixou; porém, por ter vivido de modo tão pleno e dedicado, foi bem-sucedido na Ressurreição do corpo.[12]

Isso descreve o aspecto do ego pessoal e humano da imagem de Jesus Cristo, porém, o outro lado da imagem, a dimensão transpessoal, iguala Cristo à Divindade suprema. Ele é uma das três pessoas

---

11. *Letters*, vol. 1, pp. 267s.
12. C. G. *Jung Speaking*, pp. 97s.

que compõem a Trindade, o Logos divino que existiu desde toda eternidade e que é co-regente com respeito a Deus. Trata-se de uma imagem simbólica profundamente paradoxal: duas naturezas unidas num único indivíduo que é a um só tempo humano e divino.

Orígenes descreve esse fenômeno carregando um tanto as cores, duzentos anos depois de Cristo:

> Mas de todas as ações maravilhosas e poderosas relacionadas a Ele [Deus], essa ultrapassa inteiramente a admiração humana, e está além do poder da fraqueza mortal compreender e entender de que modo esse grande poder de majestade divina, esse próprio Verbo do Pai, e essa real sabedoria de Deus em que foram geradas todas as coisas visíveis e invisíveis, podem supostamente ter existido nos limites desse homem que apareceu na Judéia; ou melhor, que a Sabedoria de Deus possa ter penetrado o útero de uma mulher, e ter nascido um infante, e ter emitido vagidos como o choro de criancinhas! e que posteriormente se relatasse que Ele viu-se muito perturbado na morte, dizendo, como Ele próprio declarou, "Minha alma é pesarosa, até à morte"; e que ao fim e ao cabo ele tenha sido levado àquela morte que considera-se a mais vergonhosa entre os homens, embora Ele tivesse ressuscitado no terceiro dia. De vez que, pois, nEle vemos algumas coisas tão humanas, que não parecem diferir em nenhum aspecto da fragilidade comum dos mortais, e outras coisas tão divinas, que podem pertencer apropriadamente a nada mais do que à natureza fundamental e inefável da Divindade, a estreiteza da compreensão humana não pode achar saída; porém, tomada da perplexidade de uma forte admiração, ignora para onde recuar, a que se apegar ou para onde se voltar. Se pensar num Deus, verá um mortal; se pensar num homem, O contemplará voltando do túmulo, depois de sobrepujar o império da morte, cheio de pilhagem. Portanto, deve-se contemplar o espetáculo com todo medo e reverência, para que a verdade de ambas as naturezas se mostre claramente existindo em um e no mesmo Ser; de modo a que nada indigno nem impróprio possa ser percebido nessa substância divina e inefável, nem ainda as coisas que foram feitas sendo supos-

tamente as ilusões das aparências imaginárias. Proferir tais coisas para ouvidos humanos, e explicá-las em palavras, em muito ultrapassa o poder ou de nossa esfera ou de nosso intelecto e linguagem. Suponho que exceda o poder até dos santos apóstolos; ou melhor, a explanação desse mistério talvez esteja além da compreensão de toda a criação de poderes celestiais.[13]

Essa passagem é um exemplo da numinosidade que cercou a imagem paradoxal de Cristo nos primeiros anos de nossa era.

Considerando-se o fato de que a figura do Messias apresenta nomes variados ligados a ela — Filho de Deus, Filho do homem, Messias, rei ungido, Cristo, servo sofredor e inflexível juiz do Juízo Final — como deve ser compreendida psicologicamente pela mente moderna? Jung deu a resposta definitiva a essa pergunta apresentada primeiramente em 1941, em seu ensaio, "Uma Abordagem Psicológica do Dogma da Trindade". Aqui, ele afirma que a figura de Cristo é um arquétipo, especificamente o arquétipo do *Self*. Ele prossegue:

Foi esse arquétipo do *self*[14] na alma de todo homem que reagiu à mensagem cristã, com a conseqüência de que o concreto rabino Jesus foi rapidamente assimilado pelo arquétipo constelado. Dessa forma, Cristo compreendeu a idéia do *self*; porém, como jamais se pode distinguir empiricamente entre um símbolo do *self* e uma imagem-de-Deus, as duas idéias, por muito que tentemos diferençá-las, sempre aparecem misturadas conjuntamente, de sorte que o *self* parece sinônimo do Cristo interior dos escritos joaninos e paulinos, e de Cristo com Deus ("de uma substância com o Pai"), assim como o atman aparece como o *self* individuado e ao mesmo

---

13. "Primeiros Princípios," II, VI, 2, in Alexander J. Roberts e James Donaldson, orgs., *The Ante-Nicene Fathers*, vol. 4, pp. 281s.

14. [Os leitores notarão que os tradutores das *Collected Works* de Jung não grafam com maiúscula a palavra "self" quando ela se refere ao arquétipo. Neste livro, como na maior parte dos escritos junguianos, usamos maiúscula do começo ao fim para evitar a confusão com ego-self. — Org.]

tempo como o princípio animador do cosmos, e o Tao como uma condição da mente e ao mesmo tempo como o comportamento correto dos eventos cósmicos. Em termos psicológicos, o domínio de "deuses" começa onde a consciência cessa, pois que, aí, o homem já está à mercê da ordem natural, quer avance ou pereça.[15]

Jung prossegue dizendo:

A meta do desenvolvimento psicológico, como do biológico, é a compreensão de si mesmo, ou individuação; porém, desde que o homem se conhece apenas como um ego, e o *self*, como uma totalidade, é indescritível e indistinguível de uma imagem-de-Deus, a compreensão de si mesmo — para usar termos religiosos ou metafísicos — significa encarnação de Deus. Isso já está expresso no fato de que Cristo é o filho de Deus. E pelo fato de a individuação ser uma tarefa heróica e por vezes trágica, a mais difícil de todas, ela envolve o sofrimento, uma paixão do ego... O sofrimento humano e divino estabelece uma relação de complementaridade com efeitos de compensação. [Isso é uma complementaridade entre o *Self* e o ego.] Através do Cristo-símbolo, o homem pode chegar a conhecer o sentido real de seu sofrimento: está em vias de compreender sua inteireza. Em conseqüência da integração de consciente e inconsciente, seu ego penetra o domínio "divino", em que participa do "sofrimento de Deus". A causa do sofrimento é, em ambos os casos, a mesma, a saber, "encarnação", que, no nível humano, surge como "individuação". O herói divino nascido de homem já está ameaçado de morte; não tem onde apoiar a cabeça, e sua morte é uma tragédia medonha. O *self* não é nenhum simples conceito nem postulado lógico; é uma realidade psíquica, só em parte consciente, ao passo que, quanto ao mais, abarca a vida do inconsciente e é, pois, inconcebível exceto na forma de símbolos. O drama da vida arquetípica de Cristo descreve em imagens simbólicas os eventos na vida conscien-

---

15. *Psychology and Religion*, CW 11, par. 231.

te — bem como na vida que transcende a consciência — de um homem que foi transformado pelo seu destino superior.[16]

É impossível enfatizar em demasia o significado dessa descoberta dentre as descobertas de Jung — uma descoberta que pode ser resumida numa única sentença lapidar dentre as de sua autoria: "*Cristo exemplifica o arquétipo do self.*"[17] Uma vez que o sentido dessa sentença é verdadeiramente compreendido, todo o conflito de nossa era entre humanismo secular científico e religião tradicional se resolve. De uma vez só, a Cristandade tradicional redimiu-se da irrelevância para a mente moderna. O vasto conjunto de dogmas cristãos, disputas, comentários e heresias que se estendeu por vinte séculos ora pode ser compreendido como os trabalhos dolorosos e tortuosos do inconsciente coletivo à proporção que se esforça para transformar o drama divino da imagem-de-Deus em evolução na consciência humana.

O que ocorreu dois mil anos atrás com o surgimento do arquétipo de Cristo na consciência coletiva desencadeou uma série de eventos que levaram a uma nova era, a era que ora está terminando. Provocou um enorme processo na psique coletiva que se cindiu em duas correntes principais. Em uma, a igreja cristã desenvolveu-se, e através de vários remoinhos, voltas e becos sem saída, por fim aflorou numa ortodoxia católica única e universal. Isso levou vários séculos. A conseqüência desse desenvolvimento foi a instituição da Igreja, que foi a crisálida da civilização ocidental como a conhecemos. A Igreja sobreviveu aos períodos de trevas e transmitiu grande parte do trabalho da Antigüidade para o mundo moderno. Sua marca era uma estrutura de crença unificada, universal (eis o que "católico" significa: universal) e coerente, que foi construída com base num arcabouço institucional forte o bastante para fazer face a muitos vendavais políticos séculos a fio. Fundamentalmente, tratou-se

---

16. Ibid., par. 233.
17. *Aion*, CW 9ii, par. 70.

de fenômeno coletivo, e o que dele se desenvolveu foi uma sociedade, uma civilização coletiva.

A outra vertente foi o gnosticismo. Em comparação com o desenvolvimento da Igreja, desde o começo ele se fragmentou num sem-número de seitas e proponentes. Era muito mais individualista do que a corrente da igreja. Nesse sentido, anteviu o movimento protestante dos séculos XV e XVI. O individualismo do gnosticismo nutriu as fantasias teológicas e cosmológicas do movimento. Obviamente, tais idéias têm de derivar de indivíduos, e quando você permite aos indivíduos que se envolvam com fantasias teológicas, você pode esquecer a ortodoxia.

A Igreja teve o bom senso, a fim de criar um coletivo durável, de proibir rigorosamente essas idéias teológicas individuais. No mundo moderno, lamentamos essa tendência por parte da Igreja, mas ela era uma necessidade na época, de modo que a Igreja seria capaz de realizar a função histórica que lhe estava reservada. Os gnósticos não tinham essas preocupações, e neles vemos um florescimento e certa dispersão de seitas que lhes constituíram a glória, mas que também foram sua derrocada, visto que os grupos de gnósticos floresceram e depois feneceram. Não tomaram impulso suficiente para formar uma tradição em andamento e durável, isso para não mencionar o fato de que não poderiam pôr-se contra a Igreja à proporção que ela se cristalizava.

Essas duas vertentes, a da Igreja e a dos gnósticos, estão representadas bem no começo de sua história por duas figuras fundamentais, Paulo de Tarso e Simão Mago de Samaria. Os primeiros capítulos aqui se concentram nessas duas figuras fundamentais e em seus descendentes. Os capítulos subseqüentes se pautam pelas duas linhas que provêm delas: na tradição da Igreja estão Clemente de Alexandria, Orígenes, Tertuliano e Santo Agostinho; na linha gnóstica, Márcion, Basílides, Valentino e Mani. Por fim, um capítulo de conclusão resume de que forma esses assuntos continuaram a se desenvolver até os tempos atuais, e esclarece seu significado psicológico para nós atualmente.

# 2

# Paulo de Tarso

Paulo de Tarso é uma figura gigantesca. Nasceu cerca de dez d. C., na capital da Cilícia, perto do Mediterrâneo ao sul da Ásia Menor. Tarso foi uma das principais cidades de todas as épocas, um grande centro comercial com uma população de aproximadamente quinhentos mil habitantes. Depois da conquista de Alexandre, tornou-se uma grande cidade com uma universidade próspera. Tinha também uma comunidade judaica bastante grande.

Os pais de Paulo faziam sua estirpe remontar a Benjamim, o filho caçula de Jacó. Seu primeiro nome foi Saul, em homenagem ao rei Saul, porém, de vez que os pais eram cidadãos romanos, deles também se requeria dessem-lhe um nome romano, reduzido a Paulo. Sabemos que ele teve pelo menos um irmão e talvez outros parentes. Provavelmente falava aramaico em casa. Aprendeu grego na cidade e hebraico na escola da sinagoga. Em sua juventude, recebeu bom treinamento como fariseu e tornou-se inteiramente versado na interpretação das escrituras; na verdade, tornou-se um devoto do judaísmo farisaico. Preparou-se ainda mais em Jerusalém, onde estudou sob a orientação de Gamaliel, dentre os rabinos um líder na época. Como todos os rabinos fossem obrigados a aprender um ofício com que se sustentar, Paulo tornou-se fabricante de tendas.

Ele aparece primeiramente no Novo Testamento em Atos 7 como testemunha do apedrejamento de Estêvão com o qual, de acordo com o relato, "ele consentiu". É mais provável que ele fosse um participante ativo. Ele envolveu-se na perseguição dos cristãos, envidando todos os esforços para prendê-los e levá-los ao cárcere. Foi numa viagem a Damasco, para prender lá os cristãos, que ele teve sua famosa experiência de conversão. Depois disso, sumiu de vista por três anos, provavelmente indo para a Arábia. A seguir, apareceu em Jerusalém como cristão devoto, e então, depois de algumas negociações com autoridades cristãs, começou a viajar como missionário para os gentios. Houve registro de três grandes jornadas. Por fim, ele foi enviado a Roma por determinação de Jerusalém e posteriormente foi martirizado em Roma cerca de 67 d. C. Durante suas viagens missionárias, escreveu inúmeras cartas para as igrejas que ele fundara recentemente. Essas cartas constituem uma boa parte do Novo Testamento atual.

A importância de Paulo não pode ser superestimada na evolução e na sobrevivência da Igreja cristã. Tudo o que ele realizou e todos os frutos de sua obra histórica estão enraizados em um acontecimento central: o encontro de Paulo com o numinoso na estrada para Damasco. Deste escreveu:

> Quanto a mim, pois, achei que devia empregar todos os meios para combater o nome de Jesus, o Nazareno. Foi o que fiz em Jerusalém; encarcerei um grande número de santos, tendo recebido autorização dos sumos sacerdotes, e consentia com que eles fossem mortos. Muitas vezes, percorrendo todas as sinagogas, também queria, por meio de minhas crueldades, forçá-los a blasfemar e, no excesso do furor contra eles, perseguia-os até nas cidades estrangeiras.
>
> Assim, fui a Damasco com plenos poderes e missão dos sumos sacerdotes. No caminho... vi uma luz mais brilhante que o sol, uma luz resplendente ao redor de mim e daqueles que me acompanhavam. Caímos todos por terra, e ouvi uma voz que me dizia em língua hebraica: "Saulo, Saulo, por que me persegues? É duro para ti

recalcitrar contra o aguilhão." Eu perguntei: "Quem és tu, Senhor?" O Senhor então disse: "Eu sou Jesus, a quem persegues. Mas, levanta-te e fica de pé. Eis por que eu te apareci: para te constituir servo e testemunha da visão, em que acabas de me ver e daquelas nas quais ainda te aparecerei. Eu te livrarei do povo e das nações pagãs, para as quais te envio, a fim de lhes abrires os olhos, e assim voltarem das trevas à luz e do império de Satanás a Deus, e alcançarem, pela fé em mim, a remissão dos pecados e participarem da herança entre os santificados."[18]

"Levanta-te agora e entra na cidade, e ser-te-á dito o que deves fazer." Os seus companheiros de viagem haviam-se detido, mudos de espanto; eles ouviam bem a voz, mas a ninguém viam. Saulo levantou-se do chão e, embora tivesse os olhos abertos, não enxergava. Conduziram-no pela mão e introduziram-no em Damasco. Durante três dias, ficou sem ver, sem comer nem beber.[19]

Com efeito, eu vos faço saber, irmãos, que o evangelho por mim anunciado não é segundo o homem, pois eu não o recebi nem aprendi de algum homem, mas por revelação de Jesus Cristo. Ouvistes certamente da minha conduta de outrora no judaísmo, de como perseguia sobremaneira e devastava a Igreja de Deus, e como progredia no judaísmo mais do que muitos compatriotas da minha idade, distinguindo-me no zelo pelas tradições paternas.

Quando, porém, Deus que especialmente me escolhera enquanto eu ainda estava no ventre materno, me chamou por sua graça, houve por bem revelar em mim o seu Filho, para que eu o evangelizasse entre os gentios, não consultei carne nem sangue, nem subi a Jerusalém aos que eram apóstolos antes de mim, mas fui à Arábia, e voltei novamente a Damasco. Em seguida, após três anos subi a Jerusalém para avistar-me com Cefas [Pedro] e fiquei com ele quin-

---

18. Atos 26:2-18; Bíblia de Jerusalém.
19. Atos 9:6-9; Bíblia de Jerusalém.

ze dias. Não vi nenhum outro apóstolo, mas somente Tiago, o irmão do Senhor. Isso vos escrevo e vos asseguro diante de Deus que não minto.[20]

Jung amiúde se refere a Paulo, e à experiência deste na estrada para Damasco como lhe tendo sido particularmente importante:

> Cresci no apogeu do materialismo científico, estudei ciência natural e medicina e me tornei psiquiatra. Minha educação não me ofereceu nada senão argumentos contra a religião, por um lado, e por outro o carisma da fé me foi negado. Fui lançado de volta à experiência sozinho. A experiência de Paulo na estrada para Damasco sempre pairou diante de mim, e me pergunto de que modo o seu destino teria transcorrido sem sua visão. No entanto, essa experiência ocorreu-lhe enquanto ele estava buscando às cegas seu próprio caminho. Jovem, cheguei à conclusão de que você obviamente tem que cumprir o seu destino a fim de chegar ao ponto em que uma [dádiva da graça] possa acontecer; mas eu estava longe de certo e sempre tinha em mente a possibilidade de que nessa estrada eu poderia terminar num cárcere. Permaneci fiel a essa atitude toda a minha vida.
>
> Disso se pode depreender facilmente a origem da minha psicologia: apenas seguindo o meu próprio caminho, integrando minhas capacidades impetuosamente (como Paulo), e assim criando fundamentos para mim mesmo, algo me poderia ser concedido ou construído, independentemente de onde viesse, e do qual eu poderia estar razoavelmente seguro quanto a não se tratar tão-só de uma de minhas capacidades desprezadas.[21]

Numa outra carta, Jung fala do perigo que há em seguir o próprio caminho:

---

20. Gal. 1:11-21; Bíblia de Jerusalém.
21. *Letters*, vol. 2, pp. 257s.

Decerto, há algo errado com o homem solitário; se ele não for uma fera, está consciente das palavras de São Paulo: ["pois também somos sua prole". A presença divina é mais do que qualquer outra coisa. Há mais de um caminho para a redescoberta da [origem divina] em nós. Essa é a única coisa que de fato importa. Será que houve um homem mais solitário do que São Paulo? Até mesmo o seu "evangelium" [seu evangelho] ocorreu-lhe de imediato e ele teve problemas em lidar com os homens em Jerusalém bem como todo o Império Romano. Eu queria uma prova do Espírito Vivo e a consegui. Não me pergunte a que preço.[22]

A experiência de Paulo na estrada para Damasco é um exemplo clássico do embate de um indivíduo com o numinoso. Semelhante embate tem um efeito decisivo sobre a vida da pessoa. Jung pensava na experiência de Paulo bem como em sua experiência quando escreveu a seguinte descrição poderosa em seu ensaio "Sobre o Renascimento". Nesse ensaio, ele afirma que não é possível alcançar uma expansão autêntica da personalidade acumulando experiências exteriores; o aumento real significa expansão que flui de fontes interiores. Então, ele dá alguns exemplos clássicos da expansão da personalidade, tal como o encontro de Nietzsche com Zaratustra, "que transformou o crítico e o aforista num poeta e profeta trágico", e o encontro de Paulo a caminho de Damasco, quando de repente deparou-se com Cristo:

Apesar de esse Cristo que encontramos em São Paulo dificilmente ter sido possível sem o Jesus histórico, a aparição de Cristo ocorreu a São Paulo não a partir do Jesus histórico, mas dos profundos de seu próprio inconsciente.

Quando se alcança um cume de uma existência, quando o botão desabrocha e do menor aflora o maior, então, como diz Nietzsche, "Um se torna Dois", e a figura maior, que sempre se foi mas que con-

---

22. Ibid., vol. I, p. 492.

tinuava a ser invisível aparece à personalidade menor com a força de uma revelação. Aquele que for verdadeira e esperançosamente pequeno arrastará a revelação do maior para o nível de sua pequenez, e jamais entenderá que o Dia do Juízo para esta chegou; mas o homem que for interiormente grande saberá que o par de sua alma, há muito esperado, o imortal, de fato ora chegou, "para liderar o cativeiro cativo"; ou seja, para se apoderar daquele por meio do qual esse imortal sempre foi confinado e tornado prisioneiro, e para fazer que sua vida flua para uma vida maior — um momento de perigo o mais letal; a visão profética de Nietzsche do Equilibrista revela o perigo terrível que há em ter uma atitude própria de quem "anda sobre a corda" com vistas a um evento a que São Paulo deu o nome mais exaltado que pôde achar.[23]

Naturalmente, depois desse encontro dilacerante, Paulo precisaria de tempo para integrar-lhe o sentido — daí seu retiro na Arábia por três anos. Só depois desse período é que ele voltou para Jerusalém e se tornou parte da comunidade cristã de lá. Então, seguiu-se o acordo com Pedro de que ele seria o apóstolo para os gentios (o que não requereria a circuncisão nem a estrita adesão à lei mosaica para a admissão na Igreja Cristã). Com isso, suas jornadas missionárias quase inacreditáveis tiveram início.

É inevitável a impressão de que Paulo criou quase sem a ajuda de ninguém o que veio a ser a Igreja Cristã. Ele bateu-se intensamente em favor da diminuição de requisitos para a admissão em comunidades cristãs, e viajou incessantemente, fundando igrejas e abastecendo-as com sua presença e suas cartas. É fácil convencer-se de que foi o seu esforço individual que gerou um grande número de convertidos já no começo, no século I; de que ele criou, por assim dizer, uma massa crítica de cristãos, que por sua vez suscitou a reação em cadeia que sucedeu. Toda essa atividade adveio de sua experiência numinosa a caminho de Damasco, uma experiência que o

---

23. *The Archetypes and the Collective Unconscious*, CW 9i, pars. 216s.

transformou num "escravo do *Self*" (que foi então chamado de Cristo). Ele usa o termo "escravo" explicitamente ao descrever-se em suas cartas. Comumente traduzida por "servo", a palavra grega *dulos* realmente significa "escravo", uma tradução mais acurada da experiência psicológica.

Em meio às suas viagens, Paulo escreveu para suas igrejas inúmeras cartas ponderadas, que se tornaram canonizadas e que constituem a base de grande parte da teologia católica e protestante. Ele não só criou a participação popular que resultou na instituição da Igreja, mas também criou-lhe a teologia fundamental que não existia antes dele. Dispomos de treze cartas ao todo, nove das quais a diversas igrejas espalhadas em todo o império, e quatro delas para três pessoas. Sucedendo a essas cartas na disposição canônica, está a assim chamada Epístola aos Hebreus, que, em antigos tempos, era considerada saída das mãos de Paulo. Orígenes, no século III, admitia isso. Agora sabemos que Paulo não escreveu literalmente a carta, mas ela descreve sua teologia tão bem e de modo tão estruturado, que pode ser considerada paulina. Em conformidade com os exegetas bíblicos, a Epístola aos Hebreus é de longe o grego mais elegante no Novo Testamento.

Dessas cartas é possível depreender uma teologia bastante profunda, que não advém do Jesus histórico, a quem Paulo jamais conheceu. O que ele criou adveio de sua própria experiência interior. Provavelmente, as cinco cartas paulinas de maior importância são Romanos, II Coríntios, Gálatas e Efésios. Com base nessas cartas, estudadas à exaustão, é possível examinar alguns dos principais conceitos teológicos de Paulo em termos de psicologia, a fim de abordar a experiência que ele teve do numinoso. A experiência que viveu na estrada para Damasco requereu um empenho intenso em termos de assimilação. Isso está em paralelo com o que Jung teve de fazer depois de defrontar o inconsciente. Custou a Jung três ou quatro anos, e ele disse que toda a sua obra científica depois dessa experiência foi uma tentativa de organizar e assimilar a erupção do "magma ígneo" que ocorrera.[24] Coisa bem semelhante deu-se com Paulo. O episódio teve de ser elaborado e generalizado racionalmente, de forma que pudesse ser comunicado. É de vital importância que um indivíduo não seja de todo alienado quanto aos seres humanos, criaturas de Deus, por semelhante acontecimento — pois que isso leva à psicose. Jung integrou sua experiência ao criar sua psicologia; Paulo integrou a sua com criar sua teologia, que está expressa em suas epístolas em Romanos, Gálatas e Hebreus.

Com o objetivo do estudo psicológico, cinco temas fundamentais da teologia de Paulo destacam-se: 1) a redenção do pecado original; 2) a justificação pela fé; 3) a substituição de uma dispensação por outra (i. e., a dispensação do Pai é substituída pela dispensação do Filho ou uma antiga aliança é substituída por uma nova); 4) o Cristo místico; 5) a doutrina da ressurreição.

De acordo com o ponto de vista que Paulo tem do pecado original, tanto o mundo gentio como o mundo judeu estão condenados; o pecado de Adão foi legado a toda a humanidade. Embora a lei de Moisés fosse muito condescendentemente concedida aos judeus para reparar a situação, ela não o fez. Tinha-se de manter a lei, e infelizmente ninguém é capaz de fazer isso; tal fato é expresso em certas passagens das Escrituras:

> Todos extraviaram-se,
> todos igualmente perverteram-se;
> não resta nenhum homem bom,
> não há sequer um.[25]

Paulo enfatiza essa questão em Romanos, dizendo que, a despeito da lei, todos os homens continuaram a ser pecadores e foram confiados à ira de Deus até que Jesus veio:

---

24. Ver *Memories, Dreams, Reflections*, p. 199.
25. Salmos 14:3; Bíblia de Jerusalém.

Pois já demonstramos que judeus e gregos estão todos sob o domínio do pecado, como está escrito nas Escrituras:
não há nenhum justo, não há sequer um;
não há um só que tenha inteligência,
um só que busque a Deus.
Extraviaram-se todos, todos se perverteram;
não há quem faça o bem, não há sequer um.[26]

Ele prossegue, em outra passagem:

Por isso, como por um só homem entrou o pecado no mundo, e pelo pecado a morte, assim a morte passou a todo o gênero humano, porque todos pecaram... O dom de Deus e o benefício da graça obtida por um só homem, Jesus Cristo, foram concedidos copiosamente a todos. Nem aconteceu com o dom o mesmo que com as conseqüências do pecado de um só: a falta de um só teve por conseqüência um veredicto de condenação, ao passo que, depois de muitas ofensas, o dom da graça atrai um juízo de justificação. Se pelo pecado de um só homem reinou a morte (por esse único homem), muito mais aqueles que receberam a abundância da graça e o dom da justiça reinarão na vida por um só, que é Jesus Cristo! Portanto, como pelo pecado de um só a condenação se estendeu a todos os homens, assim por um único ato de justiça recebem todos os homens a justificação que dá a vida... Sobreveio a lei para que abundasse o pecado. Mas, onde abundou o pecado, superabundou a graça.[27]

Paulo introduz a idéia de que há dois Adões.
O primeiro Adão trouxe pecado e desesperança para o mundo; o segundo Adão, Cristo, trouxe a libertação. O que isto quer dizer em termos psicológicos?

---

26. Romanos, 3:9-12; Bíblia de Jerusalém.
27. Romanos, 5:12-21; Bíblia de Jerusalém.

O pecado original pode ser compreendido como uma descrição exata e arguta da psique individual em suas fases iniciais. Freud, por exemplo, falou da psique infantil como sendo polimorficamente perversa. Essa é uma versão do pecado original. A psique infantil também pode ser descrita como o estado da identidade original ego-*Self*. O ego só de maneira bem gradual aflora do *Self*.[28] O ego bem jovem dos primeiros anos da infância, ao ser encantador, novo e aprazível, a um só tempo é uma ferazinha cobiçosa. Está inflado. Funciona a partir da suposição de que é o centro do universo, e as pessoas tendem a se valer dessa suposição e a tratar da criança bem dessa forma. Trata-se de um estado de onipotência: tudo o que a criança tem a fazer é gritar para ter o que deseja. Nesse estágio inicial, tais ilusões de onipotência devem ser acalentadas para que o ego se desenvolva sem sofrer demasiados danos. Não obstante, isso envolve uma inflação terrível e, infelizmente, resíduos dela não raro continuam na vida adulta. A compreensão que o indivíduo tem de que essa onipotência é inaceitável é o equivalente psicológico da chegada da lei mosaica.

Há algumas pessoas que, psicologicamente, nunca deixam o Jardim do Éden. Jamais tiveram de deparar a "lei" que lhes contradiz a identidade original ego-*Self* e a inflação que a acompanha. Psicologicamente, não nasceram. Um período de confrontação da "lei" e de reconhecimento de que se é um pecador — uma confrontação com todo um grupo de padrões — é uma estação intermediária e necessária no desenvolvimento psicológico. Isso corresponde ao estado psíquico geral da humanidade na época dos primórdios da era cristã.

Paulo reconhece essa condição de pecado universal. Sua teologia anuncia que a vinda de Cristo como o filho de Deus resgata a humanidade dessa condição pecaminosa por meio de um ato de graça. Isso pode ser entendido psicologicamente como a descoberta do *Self* na forma de um segundo centro da psique, um centro a partir do qual

---

28. Isso é analisado pormenorizadamente nos capítulos iniciais de meu livro *Ego and Archetype: Individuation and the Religious Function of the Psyche.* [*Ego e Arquétipo*, publicado pela Editora Cultrix, São Paulo, 1989.]

a pessoa sente-se alienada enquanto partícipe da condição pecaminosa. Como conseqüência dessa descoberta, a pessoa se enche da sensação de aceitação renovada. Esse tipo de experiência redentora do *Self*, contudo, não pode ocorrer enquanto o ego não tiver passado por um estágio de alienação em que tenha sido submetido ao escrutínio da lei crítica e baseada no espírito que o rotula de pecaminoso. Como diz Jung: "[O pecado] começa com a aurora do conhecimento, que implica 'consciência', i. e., percepção moral e discriminação. Os casos em que essa função está ausente são patológicos."[29]

O tópico seguinte, a justificação pela fé, envolve dois termos importantes. Justificação significa que uma relação correta com a lei é estabelecida sobre o ego e contra ele. Psicologicamente, a experiência que envolve ser justificado se refere à relação que o ego tem com o *Self*. Isso significa que a pessoa passou pelos estágios onipotentes anteriores, compreendeu-os conscientemente e, então, teve a experiência do *Self* como um segundo centro da personalidade. Servir o *Self* dá origem a um estado interior de justificação correspondente ao sentido da completude, um estado que envolve não estar mais cindido ao meio, não estar mais em defasagem com o *Self*.

O outro termo, a fé, é um conceito central dentre os de Paulo. A palavra grega é *pistis*, que na verdade tem dois significados básicos mas bem diversos. Um sentido é o de crença. O segundo é fidelidade ou lealdade. Esses dois usos da palavra podem causar uma confusão sem fim. Jung, por exemplo, faz diversas afirmações negativas acerca da crença cega ou irrefletida, porém, por outra parte, afirma a importância vital de *pistis* no sentido paulino. Ele diz, nas Terry Lectures:

Quero deixar claro que, pelo termo "religião", não entendo um credo. No entanto, é verdade que todo credo originariamente se ba-

---

29. *Letters*, vol. 2, p. 370.

seia, por um lado, na experiência do *numinosum* e, por outro, em *pistis*, ou seja, crédito ou lealdade, fé e confiança em certa experiência de uma natureza numinosa e na mudança de consciência que enseja. A conversão de Paulo é um exemplo notável disso. Poderíamos dizer, pois, que o termo "religião" designa a atitude peculiar a uma consciência que foi alterada pela experiência do *numinosum*.[30]

Depois, no mesmo ensaio, ao falar acerca de um paciente, ele escreve:

Comecei o tratamento pessoal dele só depois que o paciente observara a primeira série de cerca de 350 sonhos. Então, consegui toda a repercussão de suas experiências perturbadoras. Não admira que ele quisesse fugir de sua aventura! Mas, felizmente, o homem tinha *religio*, ou seja, ele "cuidadosamente dava a razão" de sua experiência e tinha bastante [*pistis*] ou lealdade para com ela, a ponto de a ela se aferrar e dar-lhe continuidade. Tinha ele *a grande vantagem de ser neurótico* e assim, sempre que tentava ser desleal à sua experiência ou negar a voz, a condição neurótica instantaneamente recuava. Ele simplesmente não pôde "apagar o fogo" e, por fim, teve de admitir o caráter incompreensivelmente numinoso de sua experiência. Teve de confessar que o fogo inextinguível era "sagrado". Tal foi o aspecto *sine qua non* de sua cura.[31]

Não se trata de crença mas de experiência. A experiência religiosa é absoluta; não pode ser posta à prova. Você só pode dizer que jamais teve semelhante experiência, a que o seu oponente lhe dirá: "Desculpe-me, mas eu já tive." E a essa altura, a discussão entre vocês terá um fim.[32]

---

30. *Psychology and Religion*, CW 11, par. 9.
31. Ibid., par. 74.
32. Ibid., par. 167.

Nesse ensaio "Sobre o Desenvolvimento da Personalidade", Jung escreve:

> À palavra "fidelidade" eu preferiria, nesse sentido, a palavra grega usada no Novo Testamento [*pistis*], erroneamente traduzida por "fé". Ela de fato significa "crédito", "lealdade confiante". A fidelidade à lei ditada pelo ser da própria pessoa é uma confiança nessa lei, uma perseverança leal e uma esperança confiante; em resumo, uma atitude tal como a que o homem religioso deveria ter para com Deus. Não se pode perceber o quanto é auspicioso o dilema que emerge de trás de nosso problema: a personalidade nunca pode se desenvolver exceto se o indivíduo escolher seu próprio caminho, conscientemente e com deliberação moral. Não só o motivo causal — a necessidade — mas a decisão moral consciente devem emprestar sua força ao processo da construção da personalidade... Um homem pode tomar uma decisão moral quanto a seguir seu próprio caminho apenas quando ele supõe que esse caminho seja o melhor. Se um outro caminho fosse considerado melhor, então ele viveria e desenvolveria essa outra personalidade em vez da que ele tem. Os outros caminhos são convenções de natureza moral, social, política, filosófica ou religiosa. O fato de que as convenções sempre florescem de uma forma ou de outra só comprova que a grande maioria da humanidade não escolhe seu próprio caminho, mas a convenção, e, por conseguinte, essa própria maioria não desenvolve a não ser um método e um modo coletivo de vida à custa de sua própria integridade.[33]

Essa é uma afirmação da natureza da fé de Paulo em sua própria experiência e na integração dela. A reação de Paulo a sua experiência foi tão profunda, que logrou inflamar quantos o conheceram. Por faltar a estes a sua própria confrontação direta e pessoal, a realidade da confrontação de Paulo foi tão grande, que os que com ela tomaram contato votaram-lhe lealdade e crédito.

---

33. *The Development of the Personality*, CW 17, par. 296.

A "substituição de uma dispensação por outra" é analisada de modo o mais pormenorizado no livro dos Hebreus. A idéia apresentada é que a vinda do Filho divino substitui os atos do Deus Pai. O sacerdócio de Cristo e o seu sacrifício substituem o sacerdócio e o ritual sacrificial do templo na época de Moisés. Uma nova aliança, um novo acordo entre Deus e o homem foi estabelecido para substituir o antigo. Na Epístola aos Hebreus na Bíblia, Paulo escreve:

> Muitas vezes e de diversos modos outrora falou Deus aos nossos pais pelos profetas. Ultimamente nos falou por seu Filho, que constituiu herdeiro universal, pelo qual criou todas as coisas.[34]

> Portanto, irmãos santos, participantes da vocação que vos destina à herança do céu, considerai o mensageiro e pontífice da fé que professamos, Jesus. Ele é fiel àquele que o constituiu, como também Moisés o foi em toda a sua casa. Porém, é tido muito superior em glória a Moisés, tanto quanto o fundador de uma casa é mais digno do que a própria casa. Pois toda casa tem seu construtor, mas o construtor de todas as coisas é Deus. Moisés foi fiel em toda a sua casa, como servo e testemunha das palavras de Deus. Cristo, porém, o foi como Filho à frente de sua própria casa. E sua casa somos nós; contanto que permaneçamos firmes, até o fim, professando intrepidamente a nossa fé e ufanos da esperança que nos pertence.[35]

> Temos, portanto, um grande Sumo Sacerdote que penetrou nos céus, Jesus, Filho de Deus. Conservemos firme a nossa fé. Porque não temos nele um pontífice incapaz de compadecer-se das nossas fraquezas. Ao contrário, passou pelas mesmas provações que nós, com exceção do pecado. Aproximemo-nos, pois, confiadamente do trono da graça, a fim de alcançar misericórdia e achar a graça de um auxílio oportuno.[36]

---

34. Hebreus, 1:1-3; Bíblia de Jerusalém.
35. Hebreus, 3: 1-6; Bíblia de Jerusalém.
36. Hebreus, 4: 14-16; Bíblia de Jerusalém.

[Temos um Sumo Sacerdote, que] está sentado à direita do trono da Majestade divina nos céus, Ministro do santuário e do verdadeiro tabernáculo, erigido pelo Senhor, e não por homens. Todo Pontífice é constituído para oferecer dons e sacrifícios. Portanto, é necessário que ele tenha algo para oferecer. Por conseguinte, se ele estivesse na terra, nem mesmo sacerdote seria, porque já existem aqui sacerdotes que têm a missão de oferecer os dons prescritos pela Lei. O culto que estes celebram é, aliás, apenas a imagem, sombra das realidades celestiais, como foi revelado a Moisés quando estava para construir o tabernáculo: *Olha,* foi-lhe dito, *faze todas as coisas conforme o modelo que te foi mostrado no monte.*

Vimos que a ele [Jesus] foi confiado um ministério tanto mais excelente quanto ele é mediador de uma aliança mais perfeita, selada por melhores promessas.[37]

Porém, já veio Cristo, Sumo Sacerdote dos bens vindouros. E através de um tabernáculo mais excelente e mais perfeito, não construído por mãos humanas (isto é, não deste mundo), sem levar consigo o sangue de carneiros ou novilhos, mas com seu próprio sangue, entrou uma vez por todas no santuário, adquirindo-nos uma redenção eterna. Pois, se o sangue de carneiros e de touros e a cinza de uma vaca, com que se aspergem os impuros, santificam e purificam pelo menos os corpos, quanto mais o sangue de Cristo, que pelo Espírito Eterno se ofereceu como vítima sem mácula a Deus, purificará a nossa consciência das obras mortas para o serviço do Deus vivo![38]

A principal idéia do sacerdócio do templo hebreu era a de que o ritual sacrificial aplaca a ira divina quanto à condição pecaminosa do homem e reconstitui o vínculo dos devotos com Deus. Os cristãos colheram essa idéia de seu contexto anterior e a inseriram num novo contexto simbólico. Agora, Cristo, uma manifestação do próprio

---

37. Hebreus, 8:1-7; Bíblia de Jerusalém.
38. Hebreus, 9:11-14; Bíblia de Jerusalém.

Deus, assumiu a condição humana, encarnou e levou a efeito o ritual sacrificial de redenção de uma vez por todas, não anualmente mas por toda a eternidade, usando a si mesmo como o sacerdote que sacrifica e como a vítima sacrificial. Com efeito, o ritual de redenção foi alterado a partir de uma posse particular e concreta do judaísmo quanto a um fenômeno universal a todos disponível. O mundo gentio apropriou-se essencialmente dos tesouros espirituais dos judeus.

Esse tema também pode ser encontrado em outras fontes, por exemplo, no livro cristão das horas na época medieval.[39] No começo desse livro, uma série de páginas representa o calendário, uma página para cada mês do ano, de janeiro a dezembro. Nessas páginas, um drama anual é retratado. Num lado da página está a sinagoga, no outro, a igreja. Em janeiro, a sinagoga está intata e os fundamentos da igreja estão sendo assentados. À medida que passam os meses do ano, a sinagoga é aos poucos desmantelada e as pedras são fixadas na igreja, de sorte que, em dezembro, a sinagoga está em ruínas e a catedral está de todo construída.

Isso revela um aspecto da Cristandade emergente e o que significa para uma coisa nova assimilar o que veio antes. Isso é análogo simbolicamente ao fato de que as crianças que se desenvolvem plenamente na verdade devoram seus pais. O relacionamento entre as gerações é um processo de mutilação. A fim de assimilar a própria psique individual e nela construir aquilo que lhe fora exterior, o conteúdo anterior deve ser esfacelado em bocados, ingerido e digerido. Isso é amiúde o sentido que está por trás dos sonhos de mutilação.

Jung tece comentários acerca dessas idéias:

De regra, a idéia preponderante de uma nova religião advém do simbolismo da religião que a precedeu. Por exemplo, a idéia fundamental de uma nova religião seguir a era cristã seria que cada um é Cristo, que Cristo é tão-só a projeção de um mistério inteiramen-

---

39. *The Grandes Heures of Jean, Duke of Berry.*

te humano e que, na medida em que recebemos de volta a projeção de Cristo em nós mesmos, cada um de nós é Cristo.[40]

A implicação é que, no processo de individuação de uma pessoa com formação cristã, a igreja exterior estaria sujeita a esse processo de mutilação e seria reconstruída como igreja interior. O mesmo processo aplicar-se-ia a qualquer pessoa em qualquer tradição convencional ou ortodoxa. A verdadeira individuação requer todo esse processo de assimilação da tradição para o indivíduo.

Paulo espalha as sementes para uma religião interior por meio da idéia do Cristo místico ou interior. Em diversas passagens, Paulo fala do crente como "estando em Cristo" e, em outras, fala de Cristo estando no crente. Albert Schweitzer descreve essas passagens como "misticismo de Paulo". A isso também se poderia chamar religião interior de Paulo. Bem se compreende que isso seria uma parte da teologia de Paulo, de vez que esta se baseia na experiência interior; ele sabe daquilo sobre que está falando quando alude ao Cristo interior. Schweitzer afirma que o pensamento fundamental do que ele chama misticismo paulino é:

> Estou em Cristo; nEle conheço a mim mesmo como um ser alçado acima deste mundo sensual, pecaminoso e efêmero, ser que já pertence ao transcendente; nEle tenho a certeza da ressurreição; nEle sou um Filho de Deus.
>
> Um outro traço distintivo desse misticismo é que estar em Cristo é concebido como ter morrido e ressuscitado com Ele, em conseqüência do que o partícipe libertou-se do pecado e da lei, possui o Espírito de Cristo e está certo da ressurreição.[41]

---

40. *The Visions Seminars*, vol. 2, p. 301. Essa idéia também é analisada em meu *Creation of Consciousness: Jung's Myth for Modern Man*, pp. 88ss. [*A Criação da Consciência*, publicado pela Editora Cultrix, São Paulo, 1987.]

41. *The Mysticism of Paul the Apostle*, p. 3.

Um outro aspecto desse "Cristo místico" é toda a idéia da igreja como que a constituir o corpo de Cristo. Essa idéia é um tipo de modo concreto, explícito, de indicar que todos os crentes individuais que estão "em Cristo" o estão juntos. Estão no mesmo corpo. Enquanto essa experiência bastar ao estágio de desenvolvimento de uma pessoa, ela viverá a experiência do sentimento de redenção e justificação; contudo, pode chegar a hora em que esse tipo de identidade coletiva não seja mais adequado e, então, a pessoa seja alijada e tenha de passar por um período de heresia e alienação de seu coletivo anterior.

Por fim, há a doutrina da ressurreição de Paulo. Esta é expressa sobretudo no famoso 15º capítulo de I Coríntios. Não raro ele é usado para sermões fúnebres. Paulo principia afirmando a realidade da ressurreição de Cristo e, enquanto faz isso, sai-se com uma declaração surpreendente:

> Eu vos transmiti primeiramente o que eu mesmo havia recebido: que Cristo morreu por nossos pecados, segundo as Escrituras; foi sepultado, e ressurgiu ao terceiro dia... segundo as Escrituras; apareceu a Cefas, e em seguida aos Doze. Depois apareceu a mais de quinhentos irmãos de uma vez, dos quais a maior parte ainda vive (e alguns já são mortos); depois apareceu a Tiago, em seguida, a todos os apóstolos. E, por último de todos, apareceu também a mim.[42]

Paulo sabe muito bem que nunca encontrou Cristo na carne, porém, aqui, ele iguala sua experiência visionária do Cristo ressurrecto aos encontros desse Cristo ressurrecto por parte dos apóstolos logo depois de sua morte. Isso indica como Paulo considerava concreta, inteiramente real e efetiva a sua experiência interior numinosa. Ela se aproxima do que ora entendemos como a realidade da psique.

Mais à frente, ainda em I Coríntios, deparamos a famosa passagem da ressurreição:

---

42. I Cor., 15:3-8; Nova Bíblia Inglesa.

O primeiro homem, tirado da terra, é terreno; o segundo veio do céu... nem todos morreremos, mas todos seremos transformados... Porque a trombeta soará, e os mortos ressuscitarão incorruptíveis, e nós seremos transformados. É necessário que este corpo corruptível se revista da incorruptibilidade, e que este corpo mortal se revista da imortalidade. Quando este corpo corruptível estiver revestido da incorruptibilidade, e quando este corpo mortal estiver revestido da imortalidade, então se cumprirá a palavra da Escritura: A morte foi tragada pela vitória. Onde está, ó morte, a tua vitória? Onde está, ó morte, o teu aguilhão?[43]

Do ponto de vista psicológico, isso é muito significativo. Há um comentário um tanto extenso de Jung sobre o assunto. Ele escreve:

Porquanto somos seres psíquicos e não inteiramente dependentes do espaço e do tempo, podemos compreender com facilidade a importância central da idéia da ressurreição: não estamos de todo sujeitos às forças da aniquilação porque nossa totalidade psíquica se estende além da barreira do espaço e do tempo. Por meio da integração progressiva do inconsciente, temos uma oportunidade razoável de criar experiências de natureza arquetípica, dando a nós o sentimento de continuidade anterior e posterior à nossa existência. Quanto mais entendemos o arquétipo, mais participamos de sua vida e mais compreendemos sua eternidade e atemporalidade.[44]

Desse ponto de vista, não é mais difícil perceber em que grau a história da Ressurreição representa a projeção de uma compreensão indireta do *self* que aparecera na figura de certo homem, Jesus de Nazaré.[45]

---

43. I Cor., 15:47-55; Versão do Rei Jaime.
44. "On Resurrection", *The Symbolic Life*, CW 18, par. 1572.
45. Ibid., par. 1568.

Essas observações sugestivas de Jung podem ser levadas um pouco além na idéia de que a soma total da completude consciente alcançada por todo indivíduo em sua vida se deposita no tesouro coletivo da psique arquetípica como um acréscimo permanente. Talvez parcialmente por meio disso, a imagem-de-Deus e a psique arquetípica aos poucos se desenvolvam no curso da história humana. No término de sua discussão informal em 1937 na cidade de Nova York, Jung observou, no que concerne a Jesus: "Na Cruz, sua missão o abandonou; porém por ter vivido de modo tão pleno e dedicado, ele foi bem-sucedido no corpo da Ressurreição."[46]

Trata-se de uma declaração que impõe desafios. O que ele quer dizer com corpo da ressurreição? Isso pode ser entendido como essa soma total da consciência da totalidade lograda por Jesus e depositada como acréscimo permanente à psique arquetípica. Esse corpo da ressurreição pode ser pensado como o que foi "visto" pelos apóstolos depois de sua morte, e como o que deparou Paulo na estrada para Damasco, e, assim, foi em última análise responsável pela criação da Igreja Cristã e também pelas várias escolas de Gnosticismo.

---

46. C. G. *Jung Speaking*, p. 98.

## 3

## Simão Mago

A ativação do arquétipo do Messias na psique coletiva 2.000 anos atrás deu origem a dois movimentos que são personificados por Paulo e por Simão Mago. O empenho de Paulo levou ao desenvolvimento da Igreja e ao refreamento da imagem do Messias na instituição coletiva. Simão foi a origem do Gnosticismo, em que o arquétipo tendeu a tomar posse do indivíduo, com o concomitante perigo da inflação.

O Gnosticismo difere da Cristandade eclesiástica de dois modos básicos. A redenção gnóstica é alcançada por meio da *gnosis*, o conhecimento das coisas sagradas, em vez de pela fé. Secundário com respeito a isso e, de fato, em seguimento a isso, a redenção é alcançada como um acontecimento individual em vez de por meio de um coletivo. Essa ênfase gnóstica sobre a experiência individual desencadeou fantasias teológicas e cosmológicas. A conseqüência foi um sem-número de sistemas e simbolismos gnósticos, dos quais todos apresentavam certos temas comuns mas que variavam de forma incontável. Em geral, trata-se de um acúmulo confuso de material.

Os gnósticos concordam com a Igreja em que a humanidade é uma condição decaída, mas discordam sobre a causa. Segundo os gnósticos, a condição decadente do homem e a necessidade de redenção vieram à luz não por causa do pecado humano mas porque um erro dos poderes cósmicos originaram o mal — e a matéria — quase por acidente ou engano. A humanidade foi pensada como tendo problemas não por causa do pecado mas por causa da ignorância — *agnosia*, falta de *gnosis*. Os gnósticos consideravam que a humanidade estava adormecida e precisava ser despertada para a sua verdadeira natureza e para a real natureza dos poderes celestes que estão por trás do mundo. A solução era a *gnosis* pessoal, caracterizada por Hans Jonas do modo como segue:

> O que liberta é o conhecimento de quem fomos, do que nos tornamos; de onde estávamos, e do lugar para onde fomos atirados; daquilo para que nos precipitamos, do lugar de onde somos redimidos; o conhecimento de qual nascimento, de qual renascimento.[47]

Há uma terceira diferença entre o Gnosticismo e a Cristandade em seus primórdios, que é a dualidade mais extrema do Gnosticismo. Para os gnósticos, a matéria e o mundo são considerados radicalmente maléficos, o que leva a uma moralidade e uma ética assaz diferentes. Os gnósticos não foram imorais, como o professaram alguns padres da igreja; de preferência, eles tinham uma moralidade diferente, baseada em vários princípios.

Embora Simão Mago a princípio possa parecer um tanto distante de nós, ele é de fato de considerável interesse porque é o protótipo de Fausto, de cuja lenda vem à luz o modelo mitológico central da mente moderna. Há inúmeros paralelos entre a lenda de Fausto do modo como a conhecemos e a história de Simão Mago: ambos eram mágicos, com tudo o que isso implica psicologicamente; ambos queriam voar, um desejo que integra o imaginário de cada lenda; e, o que mais importa, cada qual tinha Helena de Tróia por consorte.

---

47. *The Gnostic Religion*, p. 45.

Supõe-se que Simão tenha sido oriundo de Samaria, o que é significativo por si mesmo. Quando Israel cindiu-se em dois reinos, Samaria foi o local do reino do norte. Israel existiu separadamente quanto ao reino do sul da Judéia, até que foi destruído e seu povo sujeito à deportação em 722 a.C. Posteriormente, esse país do norte foi povoado de novo por colonos e por um grupo heterogêneo de pessoas que vaguearam de volta à região. Em conseqüência disso, uma forma bastarda de culto a Yahweh veio à luz na Samaria. Os samaritanos não realizavam culto em Jerusalém, mas tinham seus próprios lugares sagrados e seu culto se dava em templos separados. Eles eram tratados com desprezo pelos judeus, a quem não se permitia sequer falassem aos samaritanos — eram considerados por demais inferiores. Parece apropriado que a arqui-heresia da judeu-cristandade tenha-se originado na Samaria, que já recendia a heresia.

Muito pouco se sabe acerca do Simão histórico. Talvez até mesmo mais do que no caso do Jesus histórico, sua figura foi sobrecarregada de projeções arquetípicas. A maior parte destas são negativas, de vez que as descrições que dele se fazem advêm quase exclusivamente de seus inimigos, os padres da igreja. A principal fonte é a obra *Considerações de Clemente*, um dos textos pseudoclementinos. Clemente diz,

> Por nação ele é um samaritano, de uma aldeia dos geteus; por profissão, um mago, no entanto extraordinariamente versado na literatura grega; desejoso de glória, e se pondo acima de toda a raça humana, de sorte que ele quer para si mesmo que o considerem um poder exaltado, acima de Deus o Criador, e que o considerem o Cristo e que o chamem de Aquele Que Está De Pé.[48]

Eis mais um sinônimo para "Messias" — o termo simoniano-gnóstico, "aquele que está de pé". Ele respeita a alguém que é capaz de continuar com a cabeça erguida depois que a tormenta do numi-

---

48. Roberts e Donaldson, *Ante-Nicene Fathers*, vol. 8, pp. 98ss.

noso aplainou qualquer outro. O texto pseudoclementino prossegue com uma descrição de como Simão começou como discípulo de certo Dositheus, que tinha trinta discípulos, dos quais um era chamado Luna. (Helena e Luna são nomes cognatos.) Simão pediu para ser admitido como discípulo e em pouco se tornou um dos trinta. Depois, começou a desafiar Dositheus. Há lendas indicando que Dositheus em sua ira tentou derrotar Simão, mas o bastão atravessou o corpo de Simão "como se fora fumaça". Por fim, de acordo com a lenda, Dositheus reconheceu que Simão de fato era "aquele que está de pé" em vez dele mesmo, e, assim, Simão tomou o lugar de Dositheus. Alguns minutos depois, este morreu. A lenda continua descrevendo de que modo Simão tomou Luna, a consorte de Dositheus, para si.

A história segue um padrão familiar: uma personalidade movida pelo poder, carismática, assume a liderança de uma seita religiosa já estabelecida, suplantando um líder mais fraco, e ao mesmo tempo se apropria de sua concubina. Depois, valendo-se da força de seu carisma, sua identificação inconsciente com o numinoso, ele reúne partidários que vêm a ser seus servos psicológicos, com efeito, porque se acham por demais tendentes ao domínio psicológico dele. Esse mesmo fenômeno pode ser observado em outros movimentos e cultos religiosos. Ele precisa ser compreendido com profundidade, porque notaremos mais exemplos dele em nossa própria época. À proporção que nosso mito central de contenção entra em colapso, pode-se esperar que menos identificações mitológicas venham à luz, e as pessoas em busca desesperada de sentido entregar-se-ão a quem quer que tenha carisma suficiente para envolver o inconsciente.

O poder desses indivíduos deriva da identificação que têm com o *Self*, com a imagem-de-Deus, que os possui em toda a sua ambigüidade paradoxal. Em seu estado inconsciente, a imagem de Deus é Cristo e Satã juntos, ambos ao mesmo tempo. Esses líderes carismáticos possessos não são psicóticos nem criminosos, porém infelizmente as autoridades que executam a lei ignoram quaisquer outros tipos, e assim os tratam como se fossem.

Os líderes religiosos carismáticos são um pouco diferentes. Eles atuam com grande integridade nos limites de seus próprios sistemas de crença, até mesmo ao ponto do total sacrifício pessoal. São eles servos do *Self*, religiosos no sentido mais profundo da palavra. O problema é que estão servindo uma imagem de Deus inconsciente em vez de que uma consciente, e isso faz toda a diferença do mundo. Simão é o protótipo desses indivíduos. Quando o poderoso dinamismo da imagem-de-Deus sai fora de controle numa crença religiosa tradicional, ela vagueia pela terra à cata de algo ou alguém de que se apoderar. É como uma besta ladradora.

Boa coisa faríamos em dar ouvido à admoestação de Pedro quanto à imagem de Deus instável, liberada do refreamento num contexto tradicional: "Sê calmo mas vigilante porque teu inimigo o demônio está à espreita como um leão que ruge, procurando quem devorar."[49] Jonas cita um texto gnóstico que poderia muito bem ter sido um sermão de Simão. Esse exemplo deriva de nosso conhecimento geral do que pregavam os gnósticos simonianos:

> Eu sou Deus (ou um filho de Deus, ou um Espírito divino). E vim. Já o mundo está sendo destruído. E vós, ó homens, estais prestes a perecer por vossas iniqüidades; mas eu vos quero salvar. E me vedes voltando com poder celestial. Abençoado o que me venerou! mas eu deitarei o fogo eterno sobre os demais, tanto em cidades como nos campos. E os homens que deixarem de fazer as penitências a eles reservadas em vão se arrependerão e lamentarão. Mas eu preservarei para sempre quantos foram persuadidos por mim.[50]

Isso não é gnosticismo de todo puro, porque faz uma referência à crença, mas, segundo o modo gnóstico característico, o conhecimento em si é o fator de salvação. Nessa passagem está claro que pessoas tais como Simão achavam-se identificadas com o arquétipo do

---

49. I Pedro 5:8; Bíblia de Jerusalém.
50. *The Gnostic Religion*, p. 104.

Messias. Na teologia cristã, a identificação com o arquétipo do Messias só pertence a Cristo. Isso faz dEle a terceira parte da Santíssima Trindade, embora o próprio Jesus pareça ter sido discreto sobre isso. Quando João Batista, na prisão, mandou perguntar a Cristo: "Sois vós aquele que deve vir, ou devemos esperar por outro?", a resposta de Cristo foi um tanto engenhosa. Ele não disse sim; ele disse:

> Ide e contai a João o que ouvistes e o que vistes: os cegos vêem, os coxos andam, os leprosos são limpos, os surdos ouvem, os mortos ressuscitam, o evangelho é anunciado aos pobres.[51]

Ele não se identifica explicitamente como o agente desses acontecimentos miraculosos, o que demonstra certa discrição, diferentemente da passagem simoniana citada há pouco.

Essas distinções são muito importantes do ponto de vista psicológico, porque qualquer comércio com o *Self* corre o risco de inflar o ego. Estar consciente do *Self*, de modo a não cair na identificação inconsciente com ele, requer uma consciência dos opostos. Sempre que a pessoa se identifica com o *Self*, um oposto persecutório (ou inimigo) automaticamente — e necessariamente — vem à luz. Se os opostos constelados não estão contidos no único indivíduo, a pessoa imediatamente evoca um oposto como seu antagonista no mundo exterior. Jung fez uma observação notável sobre esse assunto a uma mulher que era sua paciente e que levara-lhe um sonho em que havia uma figura eclesiástica importante de uma alta esfera chamada de arquimandrita. A resposta de Jung a esse sonho foi:

> Ter um *animus* como um arquimandrita é como dizer, Você é um sacerdote dos Mistérios. E isso requer grande humildade para o contrabalançar. Você precisa descer ao nível dos ratos.[52]

---

51. Mateus 11:3-5; Bíblia de Jerusalém.
52. C. G. *Jung Speaking*, p. 29.

O sistema simoniano pode ser extraído dos escritos de Hipólito. (A figura na página 51 pode ajudar a visualizar o sistema.) O cosmos começa com

> a única raiz, [que] é Silêncio insondável, poder preexistente, ilimitado, existindo na singularidade. Ele se atarefa com determinado aspecto e o assume, transformando-se em Pensar (*Nous*, i. e., Mente) de que vem à luz o Pensamento (*Epinoia*). [Tão logo o pensamento nasce do silêncio pensante, de súbito a pessoa tornou-se dois.]... Assim, por meio do ato da reflexão, o poder indeterminado e só negativamente passível de descrição da Raiz transforma-se num princípio positivo comprometido com o objeto de seu pensar, mesmo que esse objeto seja ele mesmo. Ele ainda é Uno no sentido de que contém o Pensamento em si mesmo, no entanto já dividido e não mais em sua integridade original.

Jonas cita esse passo a partir de Hipólito e então comenta:

> Ora, toda a seqüência, aqui e em outras especulações... depende do fato de que as palavras gregas *epinoia* e *ennoia*, como a palavra mais freqüente *sophia* (sabedoria) de outros sistemas, são femininas, e o mesmo é válido para seus equivalentes hebraicos e aramaicos. O Pensamento gerado pelo Uno original em relação a ele é um princípio feminino... Assim, a cisão original acontece por meio do ato de o *Nous* deduzir-se a partir de si mesmo e tornar patente a si mesmo seu próprio pensamento. A Epinóia manifestada contempla o Pai e o oculta na forma de poder criador nela mesma, e, nesse grau o Poder original é levado ao Pensamento, levando a efeito uma combinação andrógina.[53]

Um se torna dois, após o que *Epinoia* ou Mãe Sofia desce e, no processo, traz à luz a criação dos anjos, das forças, do mundo, da ma-

---

53. *The Gnostic Religion*, pp. 105s.

téria e da humanidade. Posteriormente, ela se prende na matéria que criou. Por fim, aflora no sistema simoniano como Helena de Tróia ou Helena de Tiro. Apanhada, ela pede socorro, e *Nous*, o poder primordial, desce na forma de Simão, "Aquele que está de pé", para resgatar Sofia aprisionada.

Consideremos o primeiro evento nessa seqüência. O ato original da criação envolve uma separação de pensar e pensamento, de *nous* e *ennoia*. Isso corresponde à imagem mítica da separação dos pais do mundo, que Neumann analisa na forma de todo um capítulo de seu livro *História da Origem da Consciência* (publicado pela Editora Cultrix, São Paulo, 1990). A separação é necessária para a distinção fundamental entre sujeito e objeto, que é o fundamento de nossa capacidade para a objetividade e, por conseguinte, a base de todo consciente.

Todo complexo inconsciente, toda entidade inconsciente que abordamos, deve cindir-se assim e passar por uma série de diferenciações. Primeiro há um fenômeno — um sintoma ou afeto — um acontecimento. O paciente, sujeito consciente, identificar-se-á ao acontecimento (o sintoma ou afeto) em certo grau e, pois, vivenciará o conflito, perguntando, "Por que faço isso comigo mesmo? Por que crio esses acontecimentos indesejáveis para mim?" Por outras palavras, não há nenhuma atitude objetiva para com o sintoma. O indivíduo ainda não o percebeu como objeto verdadeiramente autônomo. À medida que se consegue uma atitude objetiva para com o sintoma, a consciência se desenvolve e a pessoa está pronta para passar à diferenciação seguinte. O processo analítico então pode dividir o acontecimento em si em duas partes: quem faz com que aconteça e um acontecimento, ou seja, pode separar uma intenção proposital (o sujeito interior) do evento ou acontecimento (o objeto). O paciente começa a discernir que um sujeito interior com um caráter proposital por si mesmo está por trás do sintoma. Esse "sujeito interior" é, em última análise, a imagem-de-Deus, o *Self*.

Todo o sistema descrito na figura é uma grande fantasia cosmológica que pode ser vista como uma projeção da natureza básica da

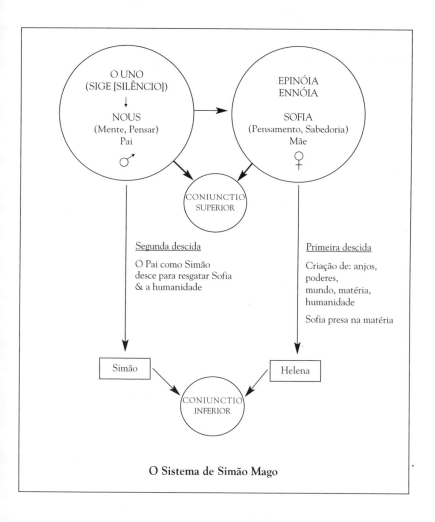

psique inconsciente. Trata-se de uma imagem das raízes da consciência, a originar-se como um organismo unicelular e então a se dividir em dois e continuando a proliferar em um número cada vez maior de formas diferenciadas. Quando consideramos um sistema como esse, devemos lembrar que estamos seguindo a seqüência que vai de antigos primórdios até o estágio mais recente; começamos com o poder original não dividido e terminamos com todo o espectro do mundo e da humanidade. Quando interpretamos esse fenômeno psicologicamente, trabalhamos na direção contrária: começamos com o estágio mais recente, com o ego na terra, e refazemos o caminho de volta à fonte. Assim como Jung disse que deveríamos ler o *Livro Tibetano dos Mortos* de trás para frente, assim também deveríamos estudar sistemas como esse, a fim de entender os paralelos psicológicos.

Pode-se também fazer o caminho de trás para frente em termos de processo analítico. Principiando do ego, se se voltar o bastante, retorna-se ao Pai *Nous* e à Mãe *Ennoia*. Tocando esse domínio, a pessoa alcança o conflito primordial. São esses os opostos fundamentais. Então, se a pessoa puder suportar esse conflito sem desmoronar, se Deus quiser, a *coniunctio* vem à luz, a saber, a condição de unidade que existia antes da cisão original. Dessa vez, contudo, ela dá-se num nível diferente, porque está sendo conscientemente experienciada pela primeira vez. Agora, não é uma *coniunctio* que retorna regressivamente à unidade inconsciente original, mas trata-se de uma nova experiência do estado primordial conscientemente, que o transforma numa coisa diferente a que se refere como *coniunctio* superior.

Em *Mysterium Coniunctionis*, Jung se refere a Simão Mago e a Helena. Ele fala do grande Poder, a Mente, dando origem ao grande Pensamento, que por sua vez gera todas as coisas. Então, ele cita Hipólito:

> Estando em oposição um ao outro, eles fazem par e fazem que aflore no espaço entre eles um Ar incompreensível, sem começo nem fim; mas nele está um Pai que ampara todas as coisas e que alimenta o que tem começo e fim. É ele que ficou, fica e ficará, um Poder

masculino-feminino à semelhança do Poder preexistente e sem termo que não tem começo nem fim, habitando em solitude.[54]

Essa passagem particular, não usada por Jonas, versa sobre uma terceira entidade masculina-feminina das regiões superiores, a qual é o produto da união do Pai *Nous* e da Mãe *Ennoia*, e que se chama "Ar". Trata-se de um análogo da *coniunctio* superior. Nesse passo, Jung continua a traçar um paralelo com o alquímico (filhos dos filósofos), o produto do processo alquímico, que é descrito na "Tábua da Esmeralda" de Hermes: "Seu pai é o Sol e sua mãe, a Lua."[55] Por meio desses simbolismos paralelos, ele está ligando o imaginário gnóstico e da alquimia. Do ponto de vista da alquimia, esse assim chamado "Ar", produto da *coniunctio* superior, é paralelo à imagem da Pedra Filosofal, o produto da conjunção do Sol e da Luna. Esse é o nível psíquico profundo a que se refere por meio do imaginário do sistema gnóstico.

Um traço interessante da história de Simão Mago é sua relação com uma consorte, que na maioria dos textos é chamada de Helena (embora em um texto ela apareça como Luna). De acordo com alguns relatos, Simão encontrou-a num bordel em Tiro, onde ele reconheceu-a como sendo a divina Sofia, que decaíra das alturas para a matéria, e que numa encarnação anterior fora Helena de Tróia. Diversas imagens obviamente constelam-se em torno da figura de Helena. Simão então considera que, de vez que ele é a manifestação de *nous*, Aquele Que Está de Pé, é tarefa sua reunir-se à sua consorte celestial perdida, de forma que ele se une a Helena como a manifestação de Sofia no nível da existência encarnada.

Nessa lenda, duas coisas acontecem ao mesmo tempo. Do ponto de vista de quem está de fora, Simão é um líder carismático mas quase psicótico, que roubou a consorte de seu mestre anterior, ou que, a partir de um outro relato, tirou uma prostituta de um bordel para sua amante. Há um concreto envolvimento sexual no nível da exis-

---

54. CW 14, par. 160.
55. Ibid., par. 162.

tência encarnada, que parece duvidoso do ponto de vista de quem está fora. De um ponto de vista interior, pelo menos do ponto de vista interior gnóstico, há uma *coniunctio* dos poderes sagrados e divinos, e essa é a origem do mundo e da humanidade.

Se esse imaginário for tomado como fenomenologia séria das profundezas da psique, então ele terá de preferência implicações significativas para o nosso entendimento dos relacionamentos sexuais. Trata-se de uma imagem que vem à luz no curso da análise profunda. Um exemplo pode ser encontrado em um de meus livros, em grande parte um livro de imagens mentais, porém, muitas delas derivam de sonhos. Essa imagem mental particular surgiu de um sonho de um paciente do sexo masculino, e apresenta um texto que a acompanha:

> Desço ao porão de um prostíbulo dirigido por um homem brutal. Encontro uma jovem com ferimentos no corpo e que foi espancada; apesar disso, sua beleza é resplandecente. Beijo-a e faço com que acorde. Sou tomado momentaneamente do sentimento de compaixão por ela, por mim, pelo *pathos* da condição humana. O rude proprietário permanece no alto da escada.[56]

Isso está em claro paralelo com o tema gnóstico de Sofia, ao se arrastar para a escuridão e a brutalidade da matéria. A pessoa que sonha assume o papel de Simão para resgatá-la.

Há uma outra descrição desse fenômeno na obra gnóstica *Pistis Sophia*, que fala de Sofia do ponto de vista de um sistema gnóstico mais complicado do que o de Simão. Sofia, que é o décimo terceiro éon, a décima terceira emanação da grande fonte primordial, tinha os olhos voltados e cheios de contemplação venerável para a fonte de seu ser. Enquanto olhava, não compreendia que estava vendo não sua verdadeira fonte, mas tão-só um reflexo dela em partes inferiores. Ao voltar-se em direção a ela, afundou no mundo da escuridão e da matéria e no mundo em que o que era chamado ser de cara leonina e de

---

56. *The Living Psyche*, p. 91.

vontade própria era o soberano. A luz refletida para que olhava existia por trás desse ser de vontade própria. É como se ela visse essa luz refletida através dele e, tomando a direção errada, se pusesse ao seu alcance e ele a agarrasse. Essa é a violação original. Trata-se dos abusos originais cometidos contra a mulher, o arquétipo que está por trás de todos os problemas desse tipo que hoje vivemos. Depois que ela compreendeu o que sucedera, Sofia gritou por socorro e posteriormente Jesus desceu ao domínio inferior para ajudá-la. Ele disse:

> Irradiei de mim mesmo um poder luminoso, e o enviei para o caos, de sorte que ele pudesse tirar Pistis Sofia das profundas regiões do caos, e [a] liderar para as regiões superiores do caos, até que ocorresse a ordem... para que ela fosse levada inteiramente para fora do caos. [O ser de vontade própria procurou Sofia, mas, não obstante isso, quando ela fora já levada às regiões superiores, ela entoou louvores e bradou:] "Não me deixeis no caos. Salvai-me, ó Luz da Altura, porque sois vós que louvei."[57]

Trata-se de um relato dramático e bem extenso, elaborado com tanto cuidado, que é claro que os gnósticos despejaram grandes quantidades de libido na elaboração pormenorizada dessas escrituras. A imagem gnóstica de Sofia tem uma longa história. Ela não começou com os gnósticos. A imagem aflorou de duas fontes separadas.[58] Uma são os primeiros filósofos gregos, que se chamavam a si mesmos de amantes de Sofia. A outra fonte é a judaica, em que *Hokmah* já se encontra em Provérbios. Ela é identificada como a sabedoria de Yahweh. Também aparece no Cântico dos Cânticos, identificada com a Sulamita. Aparece posteriormente em Eclesiastes e Livro da Sabedoria. As referências gnósticas vão beber nas águas dessas fontes mais antigas. Na Idade Média, ela é retratada como a *sapientia dei*, a sabe-

---

57. G. R. S. Mead, trad., *Pistis Sophia*, pp. 93s.
58. Um resumo da história da imagem de Sofia pode ser encontrado em meu livro *Transformation of the God-Image*, pp. 53ss.

doria de Deus, cuja imagem estava por trás de grande parte das especulações escolásticas. Por fim, ela aparece na alquimia. Um texto alquímico importante envolve a Sulamita, identificada com a Sabedoria, e que era a personificação da *prima materia* que os alquimistas estavam procurando. Atualmente, ela aparece na concepção de Jung como a *anima* arquetípica.

Uma imagem simoniana interessante que não é mencionada por Jonas, a imagem da árvore de fogo do mundo, é descrita em Hipólito. A gnose simoniana pensava em Deus, essa entidade original primordial, como um fogo queimando e consumindo, o princípio originário do universo. O fogo na raiz do universo é de dúplice natureza: uma natureza secreta ou invisível e uma manifesta ou visível. Esse fogo supraceleste é chamado de tesouro. É como uma grande árvore — tal como a vista por Nabucodonosor em seu sonho,

> de que toda carne se alimenta. E a porção manifesta [visível] do fogo... [é] o caule, os ramos [e] as folhas... A fruta... da árvore, quando cresceu de todo, e recebeu sua própria forma, é depositada num celeiro, não (lançada) ao fogo. Pois... a fruta foi gerada com o objetivo de ser guardada no armazém, ao passo que a casca que seja entregue ao fogo. (Ora, a casca) é caule, (e é) gerada não para seu próprio bem, mas para o da fruta.[59]

O fogo visível cria o caule ou tronco da árvore; a fruta que cresce a partir dela torna-se então acrescida ao tesouro do fogo invisível e não é destruída. Essa imagem pode ser vista como que aludindo ao modo como os efeitos do desenvolvimento individual psicológico podem ser depositados no tesouro da psique arquetípica, além de nossa existência moral, como também ocorre à fruta dessa árvore de fogo. O tradutor de Hipólito expressa isso como "a fruta, contudo, da árvore, quando cresceu de todo, e recebeu sua própria forma". G. R. S. Mead traduz essa frase como "[isso acontece à] fruta da árvore, se

---

59. Roberts e Donaldson, *Ante-Nicene Fathers*, vol. 5, p. 76.

sua imagem veio a perfazer-se".⁶⁰ A tradução de Mead reflete nosso entendimento psicológico. O fruto da árvore, quando sua imagem se perfez, é então depositado no celeiro supraceleste.

A lenda de Simão Mago termina com um acontecimento particular e incomum. Pedro e Simão foram antagonistas. Uma grande quantidade de literatura pseudoclementina é uma disputa entre Simão e Pedro que prossegue por dezenas de páginas. De acordo com a lenda simples original, o conflito entre Simão e Pedro foi por fim concluído em Roma por meio de uma competição no campo da magia. Cada um faria uma mágica, e então o outro tentaria fazer algo de maior impacto. De acordo com a lenda, o fim da contenda deu-se quando Simão anunciou que no dia seguinte iria voar. Não fica bem claro se ele queria dizer que alçaria vôo da terra ao céu, voltando para o lugar de onde viera, ou apenas que voaria. Quando chegou a hora, Simão começou a voar. Pedro, contudo, rezou para que caísse. A oração de Pedro foi mais forte que a mágica de Simão, de modo que Simão caiu e morreu.

Detalhes interessantes dessa história continuam a assomar à superfície; de acordo com uma versão dessa lenda, quando Simão caiu, seu corpo fez-se em pedaços, dando origem a todo o simbolismo do *quaternio*. Numa outra versão, ao cair, sua perna partiu-se em três. Isso diz respeito ao problema do três e do quatro,⁶¹ e também ao problema do Deus trino e de um posterior quaterno. A história retrata o embate entre o gnosticismo representado por Simão e a Igreja representada por Pedro. Essa contenda foi, na verdade, vencida pela Igreja, porque tinha ela uma relação melhor com a realidade terrena. Não tentou alçar vôo. Suas orações concernentes à terra foram atendidas, de modo que tinha uma relação com a terra. A terra respondeu a ela, por assim dizer, porque a Igreja, diferentemente do gnos-

---

60. *Fragments of a Faith Forgotten*, p. 172.
61. Para uma análise pormenorizada do assunto, ver *Aion*, CW 9ii, pars. 425s, e "A Psychological Approach to the Dogma of the Trinity", *Psychology and Religion*, CW 11, par. 184.

ticismo, não sucumbiu ao dualismo radical que rotulava a matéria como sendo algo de todo mau. Embora não sucumbisse inteiramente, a Igreja promoveu uma notável polarização entre a matéria e o espírito com ênfase unilateral sobre a espiritualidade. Não obstante isso, adaptou-se ao mundo e, portanto, sobreviveu.

O ponto fraco fundamental do gnosticismo é sua desvalorização da matéria e do mundo — por isso, não teve suficiente energia de adaptação para prosseguir com sua existência terrena. Na verdade, os ditames da maior parte das seitas gnósticas, a ser seguidos à risca, teriam levado ao aniquilamento da raça humana, de vez que eram contrários à reprodução. O gnosticismo em sua manifestação inicial foi derrotado, e, do ponto de vista da prática, morreu; entretanto, seu farto armazém de imagens arquetípicas ora está sendo ressuscitado em virtude da oportunidade de ser integrado no ponto de vista mais amplo da psicologia profunda.

Esse mesmo processo de morte e ressurreição repetiu-se na alquimia, que da mesma forma pereceu em sua própria obscuridade, por assim dizer, com o início do pensamento científico. Ele também reapareceu e está sendo assimilado pela psicologia profunda.

# 4
# Márcion

Márcion, que viveu aproximadamente de 90 a 160, foi um abastado proprietário de barco de Sinope, na província do Ponto, no mar Negro. Obviamente, era um homem de negócios bem-sucedido, talvez, em sua época, uma antiga versão de Aristóteles Onassis. Ao chegar à meia-idade, interessou-se por teologia, e toda a energia que antes dispensara aos negócios voltou-se para a Igreja. Ele não só formulou um sistema teológico, como também empenhou-se muito na organização de uma igreja rival.

Adolf Harnack, o historiador da religião, assim fala de Márcion:

> Por volta de 139, ele chegou a Roma, já um cristão, e por um curto período de tempo tomou parte da igreja de lá. Como não fosse bem-sucedido em sua tentativa de a reformar, dela se afastou por volta de 144. Ele fundou uma igreja sua e nela desenvolveu grande atividade. Difundiu suas idéias em inúmeras viagens, e comunidades que levavam seu nome em pouco vieram à luz em cada província do Império.[62]

---

62. *The History of Dogma*, vol. 1, p. 267.

Aproximadamente em 155, as pregações de Márcion já haviam-se difundido enormemente. Os marcionitas eram em grande número em Roma, e até na época de sua morte, Márcion não desistiu da intenção de conseguir o apoio de toda a Cristandade. Repetidas vezes, ele buscou estabelecer vínculos com o principal corpo da Igreja.

Harnack prossegue dizendo que Márcion não pode, a rigor, ser classificado entre os gnósticos, porque, a exemplo da Igreja, ele pôs sua ênfase na fé em vez de na gnose. Jonas, contudo, tem um ponto de vista diverso:

> [Márcion era]... na verdade a exceção a muitas regras gnósticas. Contrariando a opinião dos demais, ele levava a sério a paixão de Cristo, embora a interpretação que ele atribuísse a ela fosse inaceitável para a Igreja; sua doutrina é de todo livre das fantasias mitológicas em que o pensamento gnóstico se revelava; ele não especula sobre as origens primeiras; não multiplica as figuras divinas e semidivinas; rejeita a alegoria... não reclama a posse de um conhecimento superior, "pneumático"... baseia sua doutrina inteiramente no que ele afirma seja o sentido literal do evangelho... [Assim ele] está inteiramente livre do sincretismo tão característico do gnosticismo em geral... No entanto, o dualismo anticósmico [que ele expôs]... [e] a idéia do Deus desconhecido em oposição à do cosmos... [são tão importantes, que ele tem de ser considerado verdadeiramente um gnóstico].[63]

Ele foi uma espécie de intermediário, contudo, no sentido de que por algum tempo teve um pé na Igreja ortodoxa e até esperou tornar-se bispo dessa Igreja, o que lhe foi negado.

A doutrina fundamental de Márcion pode ser descrita de maneira bem simples: o Deus do Antigo Testamento e o do Novo Testamento são divindades totalmente diferentes e nada têm que ver uma com a outra. A modo de corolário, ele rejeita todo o Antigo Tes-

---

63. *The Gnostic Religion*, p. 137.

tamento como sendo irrelevante para as ações e para a mensagem do Deus do Novo Testamento. O ponto de vista de Márcion reflete uma atitude que caracteristicamente aflora durante um período de transformação. Durante esses períodos, quando uma nova visão aos poucos vem à luz a partir de uma visão anterior, uma pessoa rigorosa, lógica e prática tem condições de pensar que a nova visão por ser aparentemente diferente, não tem nenhuma relação com a anterior. Uma dicotomia acentuada e radical se estabelece entre as duas.

Márcion baseou suas doutrinas nas de Paulo, porém considerou Paulo de um modo unilateral e levou as idéias dele a um ponto extremo. Concentrou-se na distinção que Paulo fez entre lei e graça. A idéia de Paulo era de que o Deus do Antigo Testamento conferiu humanidade à lei, que poderia tornar justas as pessoas bastando para tanto que elas seguissem essa lei. A Divindade do Novo Testamento conferiu humanidade a seu Filho, resgatando-a, assim, da censura impossível da lei. O sacrifício do Filho foi um ato de graça pura, de favor imerecido (que é a definição da graça). Essa doutrina paulina é o fundamento de toda a teologia de Márcion. De acordo com este, a nova dispensação que Paulo anunciou advém de um Deus inteiramente diverso de Yahweh o Criador. Esse Deus do Novo Testamento anteriormente não tivera nenhuma relação com o mundo nem com a humanidade. Márcion era uma grave ameaça aos padres da antiga Igreja. Diversos deles, inclusive Orígenes e Tertuliano, escreveram contra ele à exaustão. Apesar disso, as igrejas marcionitas continuaram a existir por vários séculos, e seus pontos de vista foram reprimidos com alguma dificuldade.

Consideremos mais pormenorizadamente os dois deuses postulados por Márcion. Yahweh foi o Deus do Antigo Testamento, o criador do mundo e da humanidade, o doador da lei e da religião mosaica. Em conformidade com Márcion, esse Deus era uma divindade inferior em comparação com o outro. Era justo — o termo principal aplicado a ele — e na verdade justo de uma forma severa. Não era mau, mas não era piedoso. O que Márcion faz na verdade é partir em dois o Deus paradoxalmente bom e mau. Essa imagem posteriormente foi aprimorada por Clemente de Roma, que escreveu sobre um Deus com uma das mãos sendo a justiça e a outra a misericórdia.

A segunda divindade de Márcion era o Deus bom e supremo, inteiramente desconhecido para a humanidade, que nada tinha que ver com a humanidade, até o dia em que voltou a ela o olhar sobranceiro e se compadeceu da condição infeliz em que ele a encontrou. Como uma dádiva de liberdade e graça, enviou-lhe seu filho Jesus Cristo para resgatá-la. Harnack comenta:

> Márcion explicou o Antigo Testamento em seu sentido literal e rejeitou toda interpretação alegórica. Reconheceu-o como a revelação do criador do mundo e o deus dos judeus, porém o colocou, justamente por isso, em contraste o mais agudo com o Evangelho. Ele demonstrou as contradições entre o Antigo Testamento e o Evangelho numa obra alentada [intitulada *Antítese*. Este livro perdido, dos quais todas as cópias foram destruídas pelos padres da Igreja, foi escrito em colunas paralelas, um passo do Antigo Testamento descrevendo a natureza de Yahweh a par de uma passagem do Novo Testamento descrevendo a natureza do deus de Jesus Cristo.] No deus do [Antigo Testamento] ele via um ser cujo caráter era justiça severa, e portanto cólera, índole irascível e crueldade. A lei que rege a natureza e o homem se lhe afigurava conforme às características desse deus e ao tipo de lei por ele revelada, e, portanto, parecia-lhe plausível que esse deus fosse o criador e o senhor do mundo... Como a lei que rege o mundo é inflexível e ainda, por outro lado, cheia de contradições, justa e uma vez mais brutal, e como a lei do Antigo Testamento demonstra os mesmos traços, assim, o deus da criação era para Márcion um ser que reunia em si mesmo toda a variação de atributos da justiça à malevolência, da obstinação à incoerência... [Ele] colocou o bom Deus do amor em oposição ao criador do mundo. Esse Deus só foi revelado em Cristo. Ele era de todo desconhecido antes de Cristo, e os homens eram em todos os aspectos estranhos a ele. Simplesmente por bondade e mise-

ricórdia, pois que esses são os atributos essenciais desse Deus que não julga e que não é irascível, ele esposou a causa dos seres que lhe eram estranhos, visto que não podia suportar o fato de deixá-los mais tempo atormentados pelo seu senhor justo e no entanto maligno. O Deus do amor veio à luz em Cristo e proclamou um novo reino. Cristo convocou os fracos e oprimidos, e proclamou-lhes que haveria de libertá-los dos grilhões de seu senhor e do mundo. Demonstrou piedade a todos quando de sua passagem na terra, e em todos os aspectos fez o contrário do que o criador do mundo fizera aos homens. Os que acreditavam no criador do mundo pregaram-no na cruz; porém, ao fazê-lo, estavam inconscientemente servindo ao propósito dele, pois sua morte era o preço que o Deus do amor pagava pelos homens do criador do mundo... A antítese do espírito e da matéria aqui figura como decisiva, e o bom Deus do amor se torna o Deus do espírito, o Deus do Antigo Testamento tornando-se o deus da carne.[64]

É possível passar por alguns desses tratados que atacavam Márcion e que foram escritos pelos primeiros Padres da Igreja, e se aproximar da reconstrução do conteúdo das *Antíteses* de Márcion por meio daquilo contra o que os Padres parecem estar-se defendendo. Orígenes, por exemplo, diz em seus *Primeiros Princípios*:

> Em conseqüência disso, os hereges [os marcionitas], lendo que está escrito na lei, "Um fogo foi ateado em Minha cólera"; e que "Eu o Senhor sou um (Deus) ciumento, e castigo os pecados do pai nos filhos até a terceira e quarta gerações"; e que "Causou-Me remorso que eu ungisse Saul para ser rei"; e "Eu sou o Senhor, que gero a paz e crio o mal"; e uma vez mais, "Mal não há numa cidade que o Senhor não criou"; e, "Os males advieram do Senhor pelos portões de Jerusalém"; e, "Um espírito maligno do Senhor atormentou Saul" — e lendo muitas outras passagens semelhantes a essas, encontra-

---

64. *The History of Dogma*, pp. 271ss.

das nas Escrituras, tais hereges não se arriscaram a afirmar que essas não eram as Escrituras de Deus, contudo as consideraram as palavras daquele Deus criador a quem veneram os judeus e que, julgavam os hereges, devia ser considerado apenas justo, e não bom.

Orígenes prossegue a explicar o erro desses hereges marcionitas, afirmando:

> Ora, a razão da apreensão errônea de todos esses pontos da parte daqueles que há pouco mencionei não é senão esta, a saber, que a Sagrada Escritura não é por eles entendida em conformidade com seu espírito, mas de acordo com seu sentido literal.[65]

Disso se depreende claramente que Orígenes explica esmiuçadamente todos os passos no Antigo Testamento que descrevem o Yahweh vingativo, cheio de ira, interpretando-os alegoricamente, abordagem posta de parte pelos marcionitas.

Tertuliano, em sua obra *Contra Márcion*, também se ocupa das diversas acusações marcionitas contra o Deus do Antigo Testamento, tais como a de que Yahweh não conhecia nenhum superior a si mesmo; ele permitiu a existência do pecado, da morte e do mal; mudou seus objetivos; arrependeu-se do mal que fizera; comandou um ato fraudulento no que concerne a ouro e prata; exigiu olho por olho; praticou o logro; ordenou que um homem fosse assassinado.[66]

Considerando esses dois deuses descritos por Márcion, podemos agora fazer a pergunta: o que significa esse sistema de dois deuses em termos de psicologia? Sabemos que a imagem de Deus é sinônimo do *Self*, de sorte que essa cosmogonia é uma descrição da natureza do *Self* do modo como foi percebido por esse grupo particular de pessoas. A psicologia profunda nos ensinou que o *Self* opera como uma influência predominante e de direção com respeito ao ego em toda a sua vi-

---

65. In Roberts e Donaldson, *Anti-Nicene Fathers*, vol. 4, pp. 356s.
66. II, 28, Ibid., vol. 3, p. 319.

da; contudo, ele se manifesta de modo muito diferente em variados estágios do desenvolvimento a depender do fato de a existência do *Self* como segundo centro da psique ter ou não alcançado a percepção consciente do ego.

Na infância e na meninice, o *Self* se torna manifesto em grande parte na identificação inconsciente com o ego. Ele então se expressa de modo muito ingênuo na auto-afirmação e no desejo de prazer e poder. À medida que o ego entra na juventude e maturidade, ele assume mais responsabilidades para si mesmo e para a adaptação quanto ao mundo; a identidade inconsciente entre ego e *Self* apresenta menos evidências. Nesse estágio, o *Self* se inclina a se revelar por meio da escolha da vocação ou de envolvimentos fortes, tais como apaixonar-se, ou por meio de afetos também fortes, que podem aflorar do inconsciente quando um valor vital do indivíduo é ameaçado. Todas essas serão manifestações do *Self* na juventude. O indivíduo ainda não está consciente de que ele está lidando com uma autoridade transpessoal em si mesmo, uma autoridade que é um segundo centro além do ego. Essa compreensão só pode ocorrer quando o indivíduo tiver passado por um embate consciente e decisivo com o *Self*, análogo à experiência que Paulo vive na estrada para Damasco. Quando semelhante experiência foi integrada, os efeitos de redenção vêm à luz: o ego passa por uma nova orientação fundamental, tornando-se um servo do *Self*, em grande parte do modo como Paulo teve essa experiência, embora raramente de maneira tão dramática ou profunda.

Os dois deuses de Márcion correspondem, pelo menos aproximadamente, à natureza e ao comportamento do *Self* do modo como ele é sentido antes e depois do embate decisivo com o ego consciente. O Yahweh Deus criador é o *Self* do modo como ele é vivenciado em seu estado amplamente inconsciente. Ele é experienciado por meio dos afetos ou em identificação com a moral coletiva, ou talvez por meio do que Freud chama de superego. O bom Deus da salvação e da redenção seria a experiência do *Self* depois de seu embate consciente decisivo com o ego. Ora, o ego depara uma relação de redenção com suas raízes transpessoais. As vicissitudes e agruras da vida assumem um sentido que as torna suportáveis. O indivíduo, então, é redimido do estado alienado que envolve sentir-se completamente só, como um órfão num universo indiferente.

Jung alude a esse duplo aspecto do *Self* em sua carta a Elined Kotschnig, em que ele escreve:

> Visto que Deus prova Sua bondade por meio do auto-sacrifício, Ele é encarnado, mas em vista de Sua infinidade e dos estágios presumivelmente diversos do desenvolvimento cósmico que ignoramos, quanto de Deus — se esse não for um argumento por demais humano — foi transformado? Nesse caso, pode-se esperar que façamos contato com esferas de um Deus ainda não-transformado quando nossa consciência começar a se expandir rumo à esfera do inconsciente. Em todos os acontecimentos há uma expectativa definida desse tipo expresso no [Evangelho eterno] do Apocalipse contendo a mensagem: Temor a Deus![67]

Jung está dizendo que o mito da encarnação de Deus envolve a idéia de Deus passando voluntariamente pela transformação, porém ignoramos quanto da Divindade passou por esse processo de transformação. É bem possível que haja uma quantidade mensurável no que concerne à Divindade não-transformada ainda à espreita. Ele prossegue:

> Embora a encarnação divina seja um acontecimento cósmico e absoluto, ela só se manifesta empiricamente naqueles relativamente poucos indivíduos capazes de consciência o bastante para tomar decisões éticas, i. e., se resolver pelo Bem. Portanto, Deus pode ser chamado de bom apenas na medida em que Ele é capaz de manifestar Sua bondade nos indivíduos. Sua qualidade moral depende

---

67. *Letters*, vol. 2, p. 314.

dos indivíduos. Eis por que Ele encarna. A individuação e a existência individual são indispensáveis para a transformação de Deus o Criador.[68]

Sem mencionar Márcion, Jung está descrevendo os dois deuses de Márcion: o Deus criador e o bom Deus transformado. A ligação entre eles, segundo Jung, é o indivíduo que teve a experiência consciente do *Self* no processo de individuação e, em conseqüência dessa experiência, contribuiu para a transformação de uma pequena parte da Divindade.

Psicologicamente, o que Márcion fez ao cindir essas duas imagens de Deus — o Deus não-transformado e o transformado — foi partir a psique ao meio. Ele não poderia suportar o paradoxo do Deus a um só tempo treva e luz, e a conseqüência dessa cisão foi que o ego separou-se irreparavelmente do Deus da treva, do mundo material, da natureza e de seu próprio passado, sendo confinado ao domínio espiritual.

A Cristandade ortodoxa não é de todo inocente quanto a essa forma de amputação, mas o é num grau muito menor. Ao rejeitar a cisão de Márcion, agiu por um saudável instinto. É evidente, agora, que Márcion foi um nacionalista rigoroso, incapaz de suportar um paradoxo em sua imagem de Deus. Ele não poderia sacrificar as restrições da lógica para acomodar a magnitude do *Self* numinoso. Ele se torna um protótipo da pessoa que se separa das raízes e permanece alienado quanto às suas origens e às águas profundas. Jung talvez tivesse em mente tal tendência ao escrever estas palavras fecundas: "Qualquer renovação não profundamente enraizada na melhor tradição espiritual é efêmera; mas o dominante que se desenvolve a partir de raízes históricas age como um ser vivo no homem limitado ao ego."[69] Essa passagem lembra uma anedota em que Jung disse que racionalistas personalistas faziam com que ele por sua vez se lembrasse

---

68. Ibid.
69. *Mysterium Coniunctionis*, CW 14, par. 521.

de girinos nadando sinuosamente na poça com a água da chuva: mal sabem que a poça secará até a noite.

A despeito dessas críticas, e como é verdadeiro para toda aberração psicológica, a teologia de Márcion serve para ressaltar certo aspecto da natureza da psique histórica: as versões anteriores e posteriores da imagem de Deus que na época passava por transformações. Seus deuses duais mostram a magnitude da transformação. Foi uma grande mudança.

Pelo que sabemos, Márcion não desenvolveu seu sistema teológico, mas seus discípulos é que fizeram isso. O sistema marcionita inteiramente desenvolvido foi descrito por um homem chamado Esnik, que viveu por volta de 450. De acordo com seu relato, esquematizado na página 70, há o bom Deus com uma linha divisória absoluta a separá-lo de tudo o mais embaixo. Não há intercâmbio através da linha divisória. Acima está o mundo do bom Deus; abaixo está o Demiurgo e suas criações, os anjos e Hyle (a matéria); e então o mundo e a humanidade e, bem embaixo, o inferno.

G. R. S. Mead descreve o sistema de Esnik como segue:

> Havia três Céus; no superior estava o Bom Deus; no intermediário, o Deus da Lei; no inferior, seus Anjos. Abaixo estava Hyle ou raiz-matéria. O mundo era o produto conjunto do Deus da Lei e de Hyle. O Poder Criador percebeu que o mundo era muito bom e quis que o homem o habitasse. Assim, Hyle concedeu o corpo ao homem, e o Poder Criador, o alento da vida, seu espírito. E Adão e Eva viveram na inocência no Paraíso e não geraram filhos. E o Deus da Lei quis tomar Adão de Hyle e fazer com que Adão só servisse a ele. Assim, abordando-o, falou: "Adão, eu sou Deus; ao meu lado não há ninguém. Se prestares culto a qualquer outro Deus, conhecerás a morte." E Adão, ao ouvir a menção à morte, teve medo, e afastou-se de Hyle. Ora, Hyle se acostumara a servir Adão; mas quando ela descobriu que ele se afastara, por vingança encheu o mundo de idolatria, para que os homens deixassem de adorar o Deus da

Criação. Então foi a ira do Criador e, à proporção que morriam os homens, ele os lançava ao Inferno... de Adão em diante.

Porém, ao fim e ao cabo, o Bom Deus [acima da linha divisória] lançou um olhar do céu e viu os infortúnios que o homem padecia por causa de Hyle e do Criador. E Ele se apiedou dele, enviou-lhe Seu Filho a fim de o libertar, dizendo: "Desce à terra, assume a forma de um servo. [Ou seja, assumir um corpo.] E faz a Ti mesmo semelhante aos filhos da Lei. Cura-lhes as chagas, dá-lhes a visão em sua cegueira, ressuscita-lhes os mortos, realiza sem paga os maiores milagres da cura; então, o Deus da Lei sentirá ciúme e instigará seus servos a que Te crucifiquem. Depois, baixa ao Inferno, que abrirá a boca para receber-Te, supondo-Te um dos mortos. A seguir, liberta os cativos que Tu lá acharás, e traze-os até Mim."

E assim, as almas se libertaram do Inferno e foram transportadas ao Pai. Em conseqüência do que o Deus da Lei enfureceu-se, e rasgou as roupas e as cortinas do palácio, e escureceu o sol e cobriu o mundo com as trevas. Depois, o Cristo desceu uma segunda vez, mas então na glória de Sua Divindade, para suplicar ao Deus da Lei. E este foi levado a reconhecer que errara ao pensar que não havia poder superior a si. E o Cristo disse-lhe: "Tive uma contenda contigo, mas não tomarei para juiz entre nós senão a tua própria lei. Pois que não está escrito em tua lei que quem matar será morto? Que quem derramar sangue inocente terá seu próprio sangue derramado? Que eu, pois, te mate e derrame o teu sangue, pois que sou inocente e tu derramaste o Meu sangue."

Assim, Ele prosseguiu a narrar os benefícios que Ele concedeu aos filhos do Criador, e como Ele por sua vez fora crucificado; e o Deus da Lei não pôde achar com que se defender, e confessou e disse: "Sou um ignóbil! cri que eras apenas um homem; não Te julgava um deus; leva a cabo a Tua vingança, que é devida."

E por isso o Cristo o deixou e dirigiu-se a Paulo [na estrada para Damasco] e revelou a senda da verdade.[70]

---

70. *Fragments of a Faith Forgotten*, pp. 246ss.

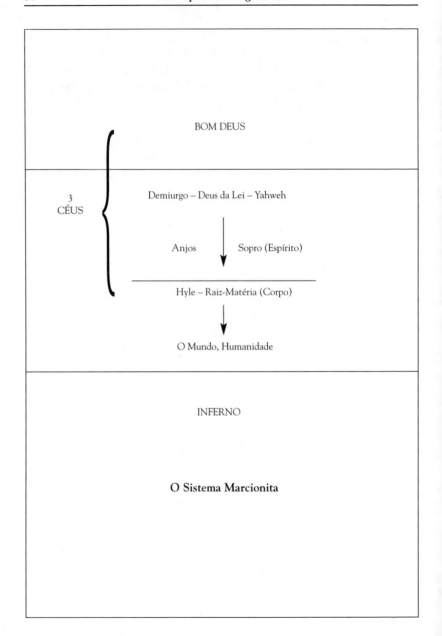

Mead está resumindo o relato de Esnik. Harnack, também, elabora esse relato, mas com uma interpretação diversa. Harnack diz:

> O chamado de Paulo foi visto por Márcion como uma manifestação de Cristo, de igual valor com Sua primeira aparição no ministério... [E então ele cita Esnik:] "Então, pela segunda vez, Jesus foi ao senhor das criaturas na forma de seu Ente Supremo, e principiou o julgamento com ele em razão de sua morte... E Jesus lhe disse: 'O julgamento é entre mim e tu; que o juiz não seja senão as tuas próprias leis... Não escreveste em tua lei que quem matar morrerá?' E ele respondeu, 'Assim escrevi...', disse-lhe Jesus, 'Entrega-te pois às minhas mãos'... O criador do mundo disse, 'Porque te matei, dou-te uma compensação; com todos os que em ti crêem, faze com eles o que te apetecer'. Então, Jesus deixou-o e persuadiu Paulo, e mostrou-lhe o preço e o enviou para pregar que somos comprados por esse preço e que todos que acreditam em Jesus são vendidos por esse deus justo ao deus bom."[71]

Essa versão reduz o processo de salvação a uma transação financeira. Trata-se de uma venda de propriedade, uma transferência de posse. Anteriormente, a humanidade pertencera a Yahweh, que a criara. O Deus superior não poderia roubar apenas a propriedade de alguém mais; ele tinha de comprá-la. Para Márcion, essa é a forma pela qual a humanidade foi redimida. Paulo se vale dessa imagem uma ou duas vezes, mas não a enfatiza. Considerada psicologicamente, essa idéia da negociação é bem interessante. No Antigo Testamento, a idéia de redenção era originariamente um arranjo para negócio. Referia-se a comprar de volta alguém cativo. No livro de Rute, o termo foi usado com referência ao casamento leverita, em que uma viúva é tomada para esposa por um cunhado ou um parente próximo. Márcion elabora essa imagem. A humanidade, a exemplo de Ru-

---

71. *The History of Dogma*, vol. 1, p. 279.

te, de fato enviuvou, e, como Boaz, o bom Deus a vende ou redime com o preço da morte de Cristo.

Como esse imaginário se aplica à psique? A idéia central é que a transição de uma imagem-de-Deus para outra — isto é, o processo de transformação da imagem-de-Deus interior — é comprada ao preço do sofrimento. A experiência psicológica confere apoio a isso; o processo, na verdade, parece envolver o sofrimento por meio do ego; porém, observando-se mais detidamente, o sofrimento vem a ser igualmente, ou talvez ainda mais, o sofrimento do *Self*, que é a forma pela qual o imaginário religioso se apresenta — como o sofrimento da imagem-de-Deus encarnado. A compreensão por parte do ego de que, em meio a suas duras penas, o sofrimento é fundamentalmente o do *Self*, torna a experiência significativa e suportável. Suportável porque faz parte de um processo com uma conseqüência transformadora.

Jung descreve essa situação ao analisar a transformação alquímica, que está na raiz do processo da transformação da imagem-de-Deus. O alquimista a ele se referia como a transformação da matéria na retorta alquímica em que ela passava por tortura e sofrimento; os alquimistas igualavam o sofrimento da substância na retorta ao sofrimento de Cristo. Jung iguala isso ao sofrimento interior no processo de individuação, e escreve:

> Se o adepto [que é o alquimista] tem a experiência do próprio *self*, o "verdadeiro homem", em sua obra, então... ele depara a analogia do verdadeiro homem — Cristo — de uma forma nova e direta, e ele reconhece na transformação em que ele próprio está envolvido uma semelhança com a Paixão. Não se trata de uma "imitação de Cristo", mas de seu exato oposto: uma assimilação da imagem de Cristo em seu próprio *self*... Não é mais um esforço, um empenho voluntário segundo a imitação, mas de preferência uma experiência involuntária da realidade representada pela lenda sagrada. Essa realidade lhe sucede em sua obra, assim como os estigmas ocorrem aos santos sem que se lhes busque conscientemente. Eles aparecem

de modo espontâneo. A Paixão acontece ao adepto, não em sua forma clássica — de outro modo, ele estaria realizando conscientemente exercícios espirituais — mas na forma expressa pelo mito alquímico. Trata-se da substância misteriosa que sofre essas torturas físicas e morais; é o rei que morre ou que é assassinado, que, morto, é enterrado e no terceiro dia ressuscita. E não é o adepto que sofre tudo isso, de preferência, *isso* é que sofre nele, *isso* é que é torturado, *isso* é que passa pela morte e de novo se levanta. Tudo isso ocorre não para o próprio alquimista mas para o "verdadeiro homem", que ele sente está perto de si e em si e, ao mesmo tempo, na retorta... [Isso não se origina na contemplação da Paixão de Cristo; trata-se da real experiência de um homem que se envolveu no conteúdo compensatório do inconsciente ao investigar o desconhecido, de modo sério e ao ponto do auto-sacrifício. Ele não poderia senão ver a presença de seu conteúdo projetado para as imagens dogmáticas, e ele talvez fosse tentado a admitir que suas idéias nada mais eram do que conceitos religiosos familiares... Mas os textos mostram claramente que, ao contrário, a experiência real da obra teve uma tendência cada vez maior de assimilar os dogmas ou de ampliar-se com eles... O *Anthropos* alquímico mostrou-se independente de quaisquer dogmas.[72]

O tema da compra faz parte da transformação da imagem-de-Deus: o sofrimento sacrificial é o preço da compra por meio do qual a imagem-de-Deus passa por um salto evolutivo e de transformação.

Embora isso não seja muito enfatizado, Márcion era o que se conhece como um doceta. A palavra advém do grego *dokeo*, que significa "parecer". De acordo com a heresia do docetismo, Cristo de fato não encarnou num simples corpo constituído literalmente de carne; ele só pareceu encarnar. Como afirma Pelikan, o historiador da Igreja:

---

72. *Mysterium Coniunctionis*, CW 14, par. 492.

Cristo não poderia ter assumido um corpo material que participasse do mundo criado, pois semelhante corpo teria sido "preenchido com excremento". Um corpo material e um nascimento físico pertenciam ao Criador e não eram dignos do verdadeiro Cristo [que adveio do bom Deus intocável].[73]

Provavelmente, a afirmação mais clara e concisa do mito do doceta pode ser encontrada em Cerinto, conhecido por apenas uma única fonte, um tratado de Ireneu intitulado "Contra as Heresias":

> Cerinto... foi educado na sabedoria dos egípcios [e] aprendeu que o mundo não foi feito pelo Deus primordial, mas por certo Poder muito separado dele, e a distância daquele Principado que é supremo quanto ao universo e ignorante daquele que está acima de todos. Ele [Cerinto] representou Jesus como não tendo nascido de uma virgem, mas como sendo o filho de José e Maria de acordo com o curso normal da geração humana, ao passo que ele, não obstante isso, era mais correto, prudente e sábio do que os outros homens. Ademais, depois de seu batismo, Cristo [o ungido do Deus superior] desceu sobre ele [Jesus] na forma de uma pomba provinda do Supremo Governante e então ele proclamou o Pai desconhecido e realizou milagres; porém, ao final, Cristo abandonou Jesus, e então Jesus sofreu e levantou-se de novo, enquanto Cristo permaneceu impassível, visto que era um ser espiritual.[74]

A idéia doceta era que Jesus não passava de um ser humano comum até ser batizado, momento em que a figura espiritual de Cristo baixou sobre ele, se lhe apossou do corpo e viveu de Jesus, por assim dizer; quando ele estava pregado na cruz, essa figura de novo partiu.

---

73. *The Christian Tradition: A History of the Development of Doctrine*, vol. 1, p. 75.
74. In Roberts e Donaldson, *Anti-Nicene Fathers*, vol. 1, pp. 351s.

Essa visão está em consonância com nossa compreensão. Jung apoiou-a em suas observações em 1937,[75] em que ele fala da missão de Jesus ao partir dele, pregado na cruz, e ao evocar então sua exclamação, "Meu Deus, meu Deus, por que me abandonastes?"; a validade psicológica do ponto de vista de Cerinto é que ele estabelece uma nítida separação entre o ego e o *Self*, e retrata o tipo de intercâmbio que pode suceder entre ambos: o *Self* pode chegar e impor um dever ao ego e deixá-lo assumir as conseqüências.

Uma outra versão desse ponto de vista doceta vem de *Pistis Sophia*. Maria está falando a Jesus:

> Quando eras pequenino, antes que o espírito lhe sobreviesse, enquanto estavas num vinhal com José, o espírito veio da altura e chegou a mim em minha casa, como a ti; e eu não o conhecera, mas julguei que tu fosses ele. E o espírito me disse: "Onde está Jesus, meu irmão, para que me aviste com ele?" E quando ele havia dito isso a mim, me vi perplexa e acreditei se tratasse de um fantasma a me tentar. Assim, agarrei-o e atei-o ao pé da cama em minha casa, até que saí à procura de vós, tu mesmo e José no campo, e vos encontrei no vinhal, José escorando o vinhal. Sucedeu, pois, ao me ouvires falar a palavra a José, que não entendeste a palavra, encheraste de júbilo e disseste, "Onde está ele para que com ele me aviste? De qualquer modo, aguardo por ele aqui". E deu-se que, quando José te ouvira dizer essas palavras, ele sobressaltou-se. E fomos embora juntos, entramos em casa e deparamos o espírito atado à cama. E olhamos para ti e para ele e te achamos semelhante a ele. E aquele que estava atado à cama foi libertado; ele tomou-te nos braços e te beijou, e tu também o beijaste. Vós vos tornastes um só.[76]

---

75. C. G. *Jung Speaking*, p. 98.
76. Mead, *Pistis Sophia*, p. 100.

# 5

# Basílides de Alexandria

Jung fala de Basílides de Alexandria como "uma das grandes cabeças do começo da era cristã que foram obliteradas pela Cristandade".[77] Ele floresceu cerca de 125. Alguns dados sobre o sistema basilidesano continuam nas obras de Hipólito e Ireneu, mas muito pouco sabemos sobre Basílides o homem. Ele era uma figura importante para Jung, que o menciona muitas vezes nos últimos volumes das Obras Completas, bem como na mensagem impressionante que recebeu de Basílides e que conhecemos como os "Sete Sermões aos Mortos".[78]

O elaborado sistema teológico de Basílides foi resumido no esquema da página 78. O universo principia com uma Divindade inefável e indescritível, mostrada no alto da figura. Esse Deus está além das categorias do ser ou do não-ser. É existente e não-existente a um só tempo. Essa Divindade "não-existente" deposita uma semente universal (indicada à esquerda na figura), a qual então gera uma série de outros seres. A princípio, dá origem a três filiações ou genealogias. A primeira filiação é a mais pura. Ela ascende para juntar-se ao Deus

---

77. *Letters*, vol. 1, p. 34.
78. *Memories, Dreams, Reflections*, pp. 378ss.

inefável. A segunda filiação é menos refinada. Com a ajuda do que se chama *pneuma* ou espírito limitado, também ascende, mas a um ponto logo abaixo do mundo superior. A terceira filiação acha-se em estado tosco, grosseiro, e permanece soterrada pelo grande conglomerado que é indicado na base da figura. Esse conglomerado é a *massa confusa* do alquimista, uma massa indiferenciada que está na base do mundo material.

A seguir, há mais fenômenos. Dois arcontes ou governantes são gerados a partir da semente universal. O grande arconte ocupa o que se chama grupo de oito e é o Deus criador ou Demiurgo de tudo o que sucede. O segundo arconte ocupa a hebdômada, e é identificado como a Divindade que falou a Moisés. Nesse sistema, portanto, a Divindade se divide em três: a Divindade inefável, o arconte do grupo de oito, que é o criador do mundo, e o segundo arconte da hebdômada, a Divindade que tem uma comunicação intermitente com a humanidade na forma do Yahweh mosaico. Com a ajuda da semente universal, cada um desses arcontes gera um filho. Esses filhos são chamados Cristos ou ungidos. Segue-se que os filhos são superiores e são mais iluminados do que os pais, e quando a iluminação da gnose advém do alto, ela alcança os filhos primeiro, que por sua vez a transmitem aos pais.

Por que esse sistema é tão complicado? Dissemos no Capítulo 1 que o arquétipo do Filho de Deus, que foi constelado dois mil anos atrás, gerou movimentos variados que constituíram a Igreja e o gnosticismo; porém, por que deve haver três filiações? Por que deve haver três divindades e três Cristos?

A resposta para isso envolve a natureza arquetípica do número 3. Esses fenômenos religiosos foram todos manifestações da psique coletiva. Essa energia religiosa pode ser compreendida como que a surgir de uma imbricação ou síntese de dois arquétipos — primeiro, o arquétipo do Filho de Deus e, em segundo lugar, o arquétipo da Trindade. Uma ênfase semelhante sobre o número três veio à luz à proporção que a teologia da Igreja ia-se desenvolvendo: os teólogos

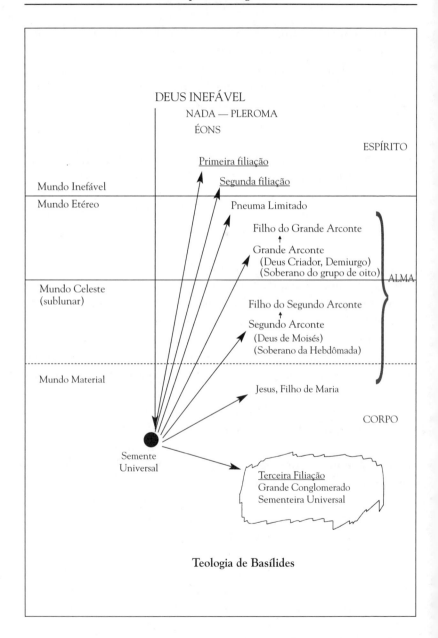

Teologia de Basílides

de alguma forma se sentiram obrigados a postular uma Divindade trinitária. Trata-se de um fenômeno que não existiu no Antigo Testamento. Como devemos entender isso? Em termos psicológicos, o número 3 pertence à condição do ego [*egohood*]. O ego vive no tempo. O inconsciente vive fora do tempo, mas o ego vive num mundo definido em termos de passado, presente e futuro. O ego ocupa uma posição entre os opostos separados. A consciência não pode existir a não ser que os opostos interiores tenham-se cindido. Existir nessa terceira posição entre os opostos significa, concretamente, ser capaz de ter a experiência de pontos de vista ou desejos contrários ao mesmo tempo, por isso passando a residir numa terceira posição fora deles.[79] O aparecimento do simbolismo do "três" no sistema de Basílides pode ser compreendido como que a refletir esses fatos psicológicos. Todo o imaginário do arquétipo do Filho de Deus dessa forma tem que ver com o ego, e a preocupação com o simbolismo do número três indica a importância que vem à luz e que é própria do ego e da consciência naquela época.[80]

No sistema de Basílides, cada nível do ser (do modo como é mostrado na figura) ignora os níveis acima dele. Isso ocorre de modo o mais extremado no caso da terceira filiação, em si mesma presa na densa escuridão do grande conglomerado. Esse estado insatisfatório de coisas é retificado por um processo complicado. Somos informados de que cada um dos níveis por sua vez se incendeia com o fogo da gnose originado no domínio superior e inefável, e desce: "Assim como o vapor de nafta pode incendiar-se com uma chama bem distante desse vapor, os poderes do espírito do homem passam de sob a condição informe do conglomerado para a Filiação [acima de todas].[81]

A conseqüência é que o filho do grande arconte é iluminado primeiro. A seguir, ele transmite esse conhecimento ao seu pai. Assim

---

79. Para uma análise mais pormenorizada dessa idéia, ver meu livro *Creation of Consciousness*, pp. 17ss.

80. Há um exame mais aprofundado do simbolismo do número três em meu livro *Ego e Arquétipo*, cap. 7.

81. Mead, *Fragments of a Faith Forgotten*, p. 267.

que este toma conhecimento de que há um deus acima dele, ele se arrepende de sua arrogância. Julgara que fosse o único, o mais alto. Depois, a gnose baixa sobre o filho do segundo aronte, que passa pelo mesmo processo. Ele ilumina o seu pai, e este se arrepende e confessa os pecados. Por fim, a luz da gnose baixa sobre Jesus, filho de Maria. Os três filhos são chamados Cristo, de sorte que há uma série ininterrupta de Iluminações Gnósticas dos três Cristos, culminando com Jesus.

A seguir, há uma ocorrência sincrônica ou paralela. A iluminação de Jesus enseja a purificação e libera a iluminação da terceira filiação, aprisionada na matéria. Basílides, conforme um relato de Hipólito, disse:

> Ora, Jesus tornou-se o primeiro sacrifício na discriminação das naturezas, e a Paixão veio a sedar apenas em função da discriminação das coisas opostas. Pois, dessa maneira, diz ele, a filiação esquecida num estado informe (*amorphia*) precisava separar-se em seus componentes, da mesma forma que Jesus foi separado.[82]

Essa passagem era de grande importância para Jung, como o indica o fato de que ele a usou para a epígrafe de *Aion*, em que analisa essa afirmação a par de outros aspectos do pensamento de Basílides. Sua análise requer cuidadosa atenção; porém, sem que haja familiaridade com o sistema de Basílides, a descrição de Jung é quase incompreensível porque ela é bastante condensada. Depois de citar a passagem de Hipólito mencionada acima, Jung passa a descrever um pouco do sistema de Basílides:

> De acordo com as doutrinas um tanto complexas de Basílides, o Deus "não-existente" gerou uma filiação tríplice. O primeiro "filho", cuja natureza era a mais refinada e sutil, continuou acima em companhia do Pai. O segundo filho, de natureza mais grosseira, des-

---

82. Citado por Jung em *Aion*, CW 9ii, par. 118.

ceu um pouco mais, mas recebeu "uma asa tal como aquela de que Platão... provê a alma em seu Fedro". O terceiro filho, com uma natureza que precisava de purificação, despencou mais fundo na "condição informe". Essa terceira "filiação" é obviamente a mais grosseira e densa por causa de sua impureza. Nessas três emanações ou manifestações do Deus não-existente não custa ver a tricotomia do espírito, alma e corpo. O espírito é o mais refinado e alto; a alma, como o [vínculo entre o espírito e o corpo], é mais grosseira do que o espírito, mas tem "as asas de uma águia", de forma que pode erguer seu peso para as regiões superiores. Ambos são de natureza "sutil" e habitam, como o éter e a águia, a região da luz ou perto dela, ao passo que o corpo, por pesado, escuro e impuro, está privado da luz mas, não obstante isso, traz em si a semente divina da terceira filiação, embora ainda *inconsciente e informe*. Essa semente é, por assim dizer, despertada por Jesus, purificada e tornada capaz de ascensão, em virtude do fato de que os opostos foram separados em Jesus por meio da Paixão (i. e., por meio de sua divisão em quatro). [Isso se refere à sua crucificação na cruz quádrupla como equivalente à sua divisão em quatro.] Dessa forma, Jesus é o protótipo do despertar da terceira filiação a dormitar na escuridão da humanidade. Ele é o "homem espiritual e interior".[83]

O que isso significa psicologicamente? A escuridão da humanidade se refere ao ego — a psique humana individual, pessoal e concreta. Jesus é o arquétipo do *Self* em seu aspecto dinâmico ou de transformação. No sistema de Basílides, ele é o terceiro Cristo, ligado à terra e envolvido com afazeres e processos comuns. Esse aspecto do *Self* se submete a um processo de discriminação consciente e serve como um modelo para o ego fazer o mesmo. Em termos práticos, isso significaria que o processo da consciência vindo à luz deriva inicialmente do inconsciente e deve, pois, ser apreendido pelo ego e compreendido.

---

83. Ibid.

Jung prossegue:

> De um ponto de vista psicológico, é particularmente importante que Jesus corresponda à terceira filiação e seja o protótipo "daquele que desperta" porque os opostos nele estavam separados por meio da Paixão e, assim, tornaram-se conscientes, ao passo que na terceira filiação [no grande conglomerado em que reside a filiação] eles continuam inconscientes enquanto ela for informe e indiferenciada. Isso equivale a dizer que na humanidade inconsciente existe uma semente latente que corresponde ao protótipo Jesus. Assim como o homem Jesus se tornou consciente apenas por meio da luz que dimanava do Cristo superior e separou as naturezas nele mesmo, a semente na humanidade inconsciente é despertada pela luz emanando de Jesus, e é, por isso, impelida a uma discriminação semelhante dos opostos. Essa visão está inteiramente em conformidade com o fato psicológico de que a imagem arquetípica do *self* tem dado mostras de ocorrer em sonhos, mesmo quando não há quaisquer concepções desse tipo na mente consciente da pessoa que sonha.[84]

A imagem simbólica da terceira filiação, perdida na condição informe e sendo iluminada por um revérbero do Jesus discriminado corresponde à escuridão do ego humano ao ser iluminada por um clarão da imagem do *Self* aflorando do inconsciente nos sonhos.

Há um paralelo alquímico para isso. A terceira filiação de Basílides em sono na condição informe da matéria corresponde à imagem alquímica do filho do rei, ou o filho dos filósofos, ou o filho do macrocosmo, descrito na alquimia como que a dormir na escuridão da *prima materia*. O mesmo fenômeno pode ser encontrado na série de figuras reproduzidas na "Psicologia da Transferência" de Jung. A sétima figura (na página seguinte) é intitulada de "A Ascensão da Alma", e mostra a figura de um homúnculo ressuscitando do corpo morto dos amantes unidos. Jung tece considerações sobre essa figura:

---

84. Ibid., par. 120.

O fato de a alma ser descrita como um homúnculo em nossa figura indica que ela está em vias de tornar-se o *filius regius*, o Primeiro Homem, o *Anthropos* indiviso e hermafrodita. Originariamente, ele caiu nas garras de *Physis*, mas agora ele ergue-se de novo, liberto do cárcere do corpo mortal. Ele é visto num tipo de ascensão e, de acordo com a [Tábua de Esmeralda], une-se aos "poderes superiores". Ele é a essência do "poder inferior" que, como a "terceira filiação" na doutrina de Basílides, está sempre avançando para o alto, não com o intento de ficar no céu, mas tão-só a fim de reaparecer na terra como um poder de cura, agente da imortalidade e da perfeição, a um só tempo mediador e salvador.[85]

A Ascensão da Alma

---

85. *The Practice of Psychotherapy*, CW 16, par. 481.

Jung faz o mesmo paralelo em *Aion*:

> A terceira filiação apresenta certas analogias com o *filius philosophorum* e o *filius macrocosmi*, que também simboliza o mundo-alma em sono na matéria. Até mesmo com Basílides, o corpo adquire uma significação especial e imprevista, de vez que nele e em sua materialidade acha-se alojado um terço da Divindade revelada. Isso significa apenas que a matéria é afirmada como tendo numinosidade em si mesma, e considero isso uma antecipação da significação "mística" que a matéria subseqüentemente assumiu na alquimia e — posteriormente — na ciência natural.[86]

A matéria posteriormente assumiu uma significação "mística". Isso começou por volta de 1500 d.C., sucedendo à alquimia, com a ascensão da revolução científica, e levou ao materialismo moderno. O numinoso, que interrompeu sua projeção para o céu, em grande escala decaiu para a matéria. A conseqüência foi que muitos dos cérebros mais brilhantes da época viram-se fascinados pela matéria. Essa grande curiosidade gerou a ciência moderna. Em cada bom cientista há certo envolvimento com um objeto numinoso da pesquisa, e o objeto da pesquisa científica, em quase todos os casos à exceção da psicologia profunda, é material.

O equivalente psicológico desse evento científico exterior é a ênfase maior sobre o ego humano, que principiou com a Reforma Protestante. Em termos de símbolo, corpo e matéria equivalem ao ego. À medida que nos fascinamos mais com os mistérios da matéria na química e na física, ao mesmo tempo exaltamos o ego humano, a expensas de uma inflação considerável.

Voltemos à passagem original que Jung usou para epígrafe de *Aion*:

---

86. CW 9ii, par. 120.

Ora, Jesus tornou-se o primeiro sacrifício na discriminação das naturezas, e a Paixão veio a sedar apenas em função da discriminação das coisas opostas. Pois, dessa maneira, diz ele, a filiação esquecida num estado informe (*amorphia*) precisava separar-se em seus componentes, da mesma forma que Jesus foi separado.[87]

Jung deixa claro que o que se separou em Jesus foram os opostos. Aqui, estamos às voltas com a experiência da separação dos opostos interiores. Concretamente, isso significa ser exposto ao conflito interior e suportá-lo conscientemente. Essa é a marca da separação dos opostos. Paralelamente, a raiz de toda neurose é a recusa em aceitar o conflito conscientemente; uma vez que o conflito inconsciente se torna consciente, ele não é mais neurótico, e o sofrimento neurótico é substituído pelo sofrimento autêntico, que enseja a cura da neurose. Por meio desse processo de tomar consciência dos opostos ou do conflito interior, o indivíduo (ou a terceira filiação de Basílides, ou o filho do macrocosmo na alquimia) livra-se dos grilhões no estado informe e assume as qualidades de um salvador. Por outras palavras, do conflito consciente dos opostos a que se suportou, o *Self* nasce para a percepção.

Há certa evidência de que Basílides e seus seguidores tiveram algumas experiências diretas desse imaginário (ou seja, da consciência dos opostos), que elaboraram tão plenamente. A evidência é encontrada na visão que eles têm da criação do mundo e na ética que dela derivou. De acordo com Ireneu, nos níveis inferiores (não incluídos na figura da página 78), o mundo e a humanidade verdadeiros foram criados por anjos que ocupam o céu inferior. Esses anjos dividiram a tarefa da criação entre si. Cada anjo criou certo segmento da humanidade e reteve para si mesmo a liderança sobre esse segmento, de sorte que nações específicas ou grupos étnicos foram governados por um principado ou anjo que lhes foi progenitor imediato. Es-

---

87. Ver anteriormente, p. 80.

ses anjos estavam em conflito uns com os outros — guerras pela gleba — e, em conseqüência, as diversas comunidades que delas derivaram estavam da mesma forma em conflito. Tratava-se de um estado de coisas insatisfatório, de modo que o Pai altíssimo, inefável, percebendo que as pessoas se destruíam umas às outras por causa desses embates entre os anjos, enviou seu próprio *nous* primogênito, como ele foi chamado, ou Cristo, para libertá-los do poder dos que criaram o mundo.

De acordo com esse relato particular em Ireneu, Cristo verdadeiramente não se submeteu à crucificação. No último minuto, um homem chamado Simão foi usado como dublê dele:

> Ele próprio não sofreu a morte, mas Simão, certo homem de Cirene, que foi impelido e levado à cruz em seu lugar; dessa maneira, este último, que foi transfigurado por ele, a fim de que julgassem se tratava de Jesus, acabou crucificado, por ignorância e erro, ao passo que o próprio Jesus recebeu a forma de Simão e, estando perto, deles se riu. Pois, de vez que ele era um poder incorpóreo, e o *Nous* (mente) do pai não-nascido, ele transfigurou-se conforme lhe apetecia, e assim ascendeu a quem o enviara, escarnecendo deles na medida em que não podia ser agarrado e era invisível a todos. Os que, portanto, sabiam dessas coisas, haviam-se libertado dos principados que formavam o mundo; de modo que não nos cabe a nós reconhecer quem foi crucificado... Se alguém portanto... reconhecer o crucificado, esse homem ainda será um escravo, e estará sob o poder dos que nos formaram o corpo [um daqueles poderes angélicos]: mas aquele que o negar se terá libertado desses seres, e estará familiarizado com a dispensação do pai não-nascido... Assim, aquele que aprendeu [essas coisas] e conheceu todos os anjos e suas causas, é tornado invisível e incompreensível aos anjos e a todos os poderes... E, como o filho fosse desconhecido a todos, assim também devem eles não ser conhecidos por ninguém; porém, enquanto conhecem a todos e a todos atravessam, eles próprios continuam invisíveis e desconhecidos a todos; pois [dizem eles] "conhece... a

todos, mas que ninguém te conheça". Por essa razão, pessoas de semelhante fé também estão prontas para renegar [suas opiniões], é verdade, ou melhor, é impossível que padeçam por causa de um simples nome, porquanto são como todos. A multidão, contudo, não pode entender esses assuntos, mas só um dentre mil ou dois dentre dez mil. Eles afirmam que não são mais judeus, e que ainda não são cristãos; e que de modo nenhum é adequado falar abertamente de seus mistérios, mas que é correto conservá-los em segredo, preservando o silêncio.[88]

Essa passagem traz algumas implicações interessantes. Os anjos que governam diversas nações e grupos étnicos correspondem a poderes arquetípicos que estão por trás das coletividades guerreiras tão familiares às manchetes de nossos jornais. No centro de todas as facções nacionais, étnicas, religiosas e políticas encontram-se o que poderíamos chamar de complexos coletivos. Como é verdadeiro para cada complexo, estes têm um âmago arquetípico. Assim, os anjos mencionados em Basílides são o núcleo arquetípico no centro dos complexos coletivos os quais ainda estão cindindo ao meio o mundo em virtude de seus conflitos.

Os próprios basilidesanos afirmavam que eram invisíveis àqueles anjos ou complexos coletivos. Isso implica que, com a consciência dos opostos, a pessoa não se identificará com nenhum dos opostos nem com alguma facção particular. Cada facção tem um oposto — ou um inimigo — por definição; não seria uma facção de outra forma. Os basilidesanos não seriam martirizados por uma identificação faccional. Quando a pessoa se apercebe dos opostos, ela não se identifica com um nome nem despende energia vital em defesa de um lado num conjunto de um par de opostos. É bem possível que a pessoa tenha uma preferência entre as facções ou os partidos do mundo, mas ela não precisa se identificar com uma ou com outra. A pas-

---

88. "Against Heresies," I, 24, in Roberts e Donaldson, *Ante-Nicene Fathers*, vol. 1, pp. 348ss.

sagem extraída de Ireneu — "Então, ele que aprendeu [essas coisas] e conheceu todos os anjos e as suas causas, é tornado invisível e incompreensível para os anjos e todas as potestades" — é uma descrição de um estado de consciência superior. A pessoa de consciência superior é invisível para a de consciência inferior.

Parece possível que essa idéia um dia seja elaborada numa sociologia arquetípica. Há grande necessidade disso, porque o mundo está-se dividindo ao meio em virtude de um conflito entre os variados complexos coletivos da humanidade. Como indica esse material, esses complexos coletivos são de fato organismos psíquicos que foram personificados por Basílides como anjos soberanos. Os próprios anjos estão em conflito uns com os outros, e seus partidários individuais são como células que vão constituir um organismo maior. Nos escritos cristãos e gnósticos, esses organismos psíquicos coletivos são chamados de modo variado de "anjos", "principados" ou "potestades". Eles são mencionados numa passagem conhecida de Paulo:

> Pois não é contra homens de carne e sangue que temos de lutar, mas contra os principados e potestades, contra os príncipes deste mundo tenebroso, contra as forças espirituais do mal nos ares.[89]

Essa é uma afirmação gnóstica. Ela corresponde exatamente à doutrina gnóstica. Ela corresponde a esses complexos arquetípicos coletivos, esses organismos no inconsciente coletivo, com que a pessoa pode identificar-se. A libertação quanto a essa identificação advém quando a pessoa se torna consciente dos opostos, quando passou por esse processo de discriminação mencionado na epígrafe a *Aion*: "Jesus tornou-se o primeiro sacrifício na discriminação das naturezas." Uma outra forma de expressar isso é dizer que quando a pessoa se tornou consciente dos opostos, ela está imune à projeção da

---

89. Efésios 6:12; Bíblia do Rei Jaime.

sombra. O faccionalismo, por sua própria natureza, é acompanhado da projeção da sombra.

Uma outra doutrina de Basílides versa sobre o que se chama a alma complementar ou acrescida. Essa é uma imagem da obscura contraparte ctônica dos principados espirituais e anjos dos agnósticos. A alma acrescida é descrita por Mead, que faz citações de Clemente de Alexandria e Isidoro, o filho de Basílides. Referindo-se à alma animal ou ao "corpo do desejo" na doutrina de Basílides, Mead escreve:

> Os basilidesanos estão acostumados a dar o nome de apêndices [ou acréscimos] às paixões. Essas essências, dizem eles, têm certa existência substancial, e ligam-se à alma racional, devido a certo tumulto e confusão primitiva. Para esse núcleo [da alma racional] outras naturezas bastardas e estranhas da essência se desenvolvem, tais como as do lobo, do macaco, do leão, do bode, etc. E quando as qualidades peculiares dessas naturezas surgem em torno da alma, elas causam nesta o desejo de se tornar semelhante às naturezas especiais desses animais, pois que imitam as ações daqueles cujas características sustentam. E não só as almas humanas associam-se elas mesmas de maneira íntima com os impulsos e impressões dos animais irracionais, como também chegam a imitar os movimentos e beleza das plantas, porquanto da mesma forma apresentam as características das plantas complementares a elas. Ou melhor, há também certas características [de minerais] demonstradas pelos hábitos, tais como a dureza de adamas.[90]

Assim, todas as almas acrescidas, animais, vegetais e minerais fazem parte da psique humana. Mead prossegue a ressaltar que, embora essa alma acrescida exista, não é possível usá-la como desculpa para furtar-se à responsabilidade pelos atos de alguém. É necessário ainda ser guiado pela alma racional.

---

90. *Fragments of a Faith Forgotten*, pp. 276ss.

Jung se refere a essa idéia da alma acrescida em *Mysterium Coniunctionis*, falando sobre os alquimistas:

> Os alquimistas, na medida em que ainda eram pagãos, tinham uma concepção mais mística de Deus, a qual datava de um período posterior da Antigüidade, que... poderia ser descrita como gnóstica; ou, se eram cristãos, sua cristandade apresentava uma combinação notável de idéias mágicas bárbaras acerca de demônios e potestades divinas, além de sobre uma *anima mundi* inerente ou aprisionada na natureza física. A *anima mundi* foi concebida como aquela parte de Deus que formou a quintessência e a substância real da *Physis* [natureza] e que para Deus era... como a "alma acrescida" era para a divina alma do homem. Essa alma acrescida era um segunda alma que se desenvolvia através dos reinos mineral, vegetal e animal até o homem, pervagando toda a natureza, e a ela as formas naturais foram ligadas a modo de apêndices. Essa estranha idéia de Isidoro apresenta um paralelo tão grande com a fenomenologia do inconsciente coletivo, que nos parece justificado chamá-la de uma projeção desse fato empiricamente demonstrável na forma de uma hipóstase metafísica.[91]

Jung fala das paixões animais, mas também das paixões vegetais e até dos estados minerais da psique humana. A ênfase fundamental, contudo, está nas paixões animais. Esses apêndices da alma acrescida correspondem aos aspectos afetivos dos principados espirituais anteriormente analisados. Psicologicamente, correspondem aos complexos arquetipicamente baseados na psique individual, que se devem integrar e ser tornados conscientes no processo de individuação. Como Jung demonstrou em seu ensaio "Sobre a Natureza da Psique", o arquétipo é bipolar. Num pólo, expressa-se como instinto. No pólo oposto, é espírito. Os principados angélicos são a dimensão espiritual do arquétipo, e os aspectos animais da alma acrescida são sua dimen-

---

91. CW 14, par. 374.

são instintiva. A necessidade básica é a de que o indivíduo evite a identificação com qualquer pólo do arquétipo. Identificar-se com um enseja a inflação espiritual, com outro, a paixão psicótica. Quando essas entidades vêm fazer parte da consciência ou, como diz Basílides, quando o gnóstico conhece a natureza das potestades angélicas, então ele é invisível a elas. Isso significa que as energias arquetípicas não podem dominar mais o ego. Quando os opostos são tornados conscientes e quando essas realidades arquetípicas são reconhecidas, ambos em suas manifestações inferiores e superiores, não há mais nenhum perigo de identificação com eles. Em termos gnósticos, é-se invisível a eles, e pode-se abrir caminho para além deles.

Agora, devemos avançar dezenove séculos até uma manifestação moderna de Basílides, os "Sete Sermões aos Mortos" de Jung. Este atribuiu a autoria a Basílides. Esse material chegou até Jung em 1916. Ignoramos a data exata, mas ele escreveu uma carta a Alphonse Maeder em janeiro de 1917, anexando uma cópia dos "Sete Sermões aos Mortos" que fora impressa em edição particular e distribuída a alguns amigos. Na carta, ele diz a Maeder:

> Permita-me dar-lhe eu mesmo o presentinho anexado — um fragmento com amplas associações. Não mereço crédito por ele, que também não quer nem pretende ser algo, ele apenas *é* — só isso. Por isso, não imaginei acrescentar meu nome a ele, mas escolhi de preferência o nome de um dos grandes cérebros do começo da era cristã os quais a Cristandade obliterou. Caiu-me de modo imprevisto às mãos como uma fruta madura numa época de grande tensão e serviu para atear uma luzinha de esperança e consolo a mim mesmo em momentos difíceis.[92]

Os "Sete Sermões aos Mortos" é um documento surpreendente. Seu conteúdo escapa ao objetivo deste livro, mas pode ser apropriado que nos façamos a pergunta: Como se deve entender essa erupção

---

92. *Letters*, vol. 1, pp. 33s.

na consciência de Jung de um gnóstico do século II? Jung descreve o evento em sua autobiografia, e diz que o aparecimento dos Sete Sermões foi precedido de uma série de fenômenos paranormais de dimensão impressionante. Ele conclui:

> A experiência deve ser considerada pelo que foi ou pelo modo como parece ter sido... Ela foi uma constelação inconsciente cuja atmosfera peculiar reconheci como o nume de um arquétipo.[93]

Como, porém, podemos entender a presença de Basílides na psique do Jung do século XX? Parece possível que Jung tenha penetrado a mesma profundidade psicológica a que chegou Basílides, e que isso tenha ativado o corpo da ressurreição de Basílides — ou seja, o incremento eternizado com que a vida de Basílides contribuiu para a psique arquetípica.[94] O tema fundamental dos "Sete Sermões aos Mortos" é a consciência dos opostos — todo o tema se reduz a isso. Jung logrou a consciência dos opostos, e essa conquista então ativou os depósitos arquetípicos, os corpos de ressurreição dos outros que historicamente alcançaram o mesmo nível e que criaram seus próprios depósitos personificados, que então se achavam disponíveis a Jung na forma de seus parceiros e companheiros. Não há muitos parceiros e companheiros exteriores no nível da experiência. Isso então o liberou de sua sensação de sufocamento e isolamento, e trouxe consigo conceitos e imagens esclarecedores, a par do sentido de esperança e consolo que ele descreve em sua carta.

Uma pessoa pode observar acontecimentos semelhantes, num nível inferior, com o correr daquelas formas de análise que buscam aprofundar-se o bastante.

---

93. *Memories, Dreams, Reflections*, p. 191.

94. Para uma análise mais pormenorizada da idéia de que a consciência adquirida por cada indivíduo durante sua vida é preservada permanentemente no nível arquetípico, ver meu *Creation of Consciousness*, pp. 23ss.

# 6

# Valentino

Valentino granjeou uma estatura e respeito na Antigüidade que dificilmente alguma outra figura gnóstica poderia ombrear. O erudito valentiniano Kendrick Groebel, que traduziu e compilou um documento remanescente que provavelmente foi escrito pelo próprio Valentino, legou-nos as informações fundamentais que existem:

> [Ele nasceu] no norte do Egito, provavelmente numa família que falava o grego, e recebeu uma educação helenista completa em Alexandria; ignora-se quando ele se tornou cristão, mas sabe-se que ele já estava ensinando no Egito antes que partisse para Roma, onde viveu e trabalhou provavelmente de cerca de 136 a 165. Envolveu-se numa relação de instabilidade com a Igreja em Roma. Com efeito, esteve ao mesmo tempo dentro e fora da congregação romana da grande Igreja. [Em outras palavras, fora afastado e depois readmitido mais de uma vez.]... Tivesse a originalidade de Valentino se consolidado na grande Igreja e por ela!... dele se teria esperado se fizesse bispo, o que não aconteceu. Tertuliano não hesita em atribuir a ruptura de Valentino com a Igreja ao agravo que sua dignidade sofreu quando ele foi desprezado. [Por fim, ele deixou definitivamente a Igreja.] Há mais o fato de que ele atraiu para si discípulos

talentosos e apaixonados que por várias gerações professaram e dilataram suas idéias.[95]

Não há informações pessoais além disso; este capítulo se concentrará no sistema valentiniano, que provavelmente foi elaborado de modo considerável por seus seguidores. É difícil acreditar que essas informações do modo como hoje as temos poderiam ter sido criadas exatamente como estão por alguém que despendeu boa parte da vida na Igreja ortodoxa; as diferenças são por demais acentuadas.

A estrutura valentiniana é esboçada no quadro da página 96. Todo ser principia com o antepassado (à esquerda, no alto), que era chamado *Bythos* ou Abismo ou Profundeza; ele era o único além de todos os atributos, até da existência. De si mesmo gerou o Pensamento (também chamado *Ennoia* ou *Sige*) e eles foram o primeiro par. Então, veio à luz um segundo, *Nous* e *Aletheia*, e desse par, mais dois. Os primeiros quatro seres (eles foram chamados de éons) eram de especial importância e foram chamados de Tétrade. Aos oito primeiros seres se chamava Grupo de Oito [Ogdoad]. Esse quatro e oito arquetípicos estão estreitamente associados à Divindade única e original. Dos dois últimos pares, uma série de outros pares veio à tona, até que houvesse um total de quinze pares ou trinta éons para corresponder ao número de dias no mês lunar.

Essa imagem fantástica do inconsciente coletivo coincide em parte com o simbolismo astronômico dos céus, mas ela usa uma seqüência lunar em vez de solar. Num material posterior, há uma ênfase muito maior sobre o número doze, o número dos signos do zodíaco, com referência ao ano solar; contudo, a visão valentiniana, que aflorou do pensamento lunar em vez do pensamento solar, utilizou o número trinta, o ciclo completo da lua. Este é uma imagem da totalidade, assim como um ano é uma imagem da totalidade expressa pelo ciclo solar.

---

95. *The Gospel of Truth*, pp. 12ss (adaptado).

Os primeiros quinze pares existiam no que se chamava pleroma, e o próprio éon final a ser emanado foi Sofia, que estava muito distante do antepassado original de que era saudosa. Ela começou a sofrer. Isso causou uma crise no pleroma e um par extra de éons, *Christos* e o Espírito Santo, teve de ser criado. O éon de *Christos* então visitou o de Sofia no pleroma e resgatou-a ao ligá-la de novo ao antepassado; entretanto, o esforço foi por terra, porque, no decorrer do processo, Sofia foi separada. O número dois de Sofia caiu do pleroma inteiramente, num domínio inferior, e seu sofrimento se tornou ainda maior porque ela estava ainda mais longe. Depois, ela passou por uma série de paixões. De sua paixão primária, que era a ignorância, geraram-se o pesar, o medo e a confusão, e essas paixões, por meio do que se chamou *enthymesis*, ganhou substância; eles coagularam. Os afetos coagularam em substância e deles os elementos materiais foram criados; destes, por sua vez, originou-se o mundo, a matéria e a humanidade.

Essa é a história do desenvolvimento da essência divina, começando com o Uno incompreensível, o Abismo, o antepassado, e terminando com os seres humanos. Permeando toda essa seqüência, há um curso contínuo de substância espiritual, indicado no quadro por uma série de setas. Todos os seres estão ligados uns com os outros por meio desse curso.

Esse sistema um tanto complexo pode ser visto como uma expressão própria do inconsciente coletivo. Trata-se de uma figura simbólica de como o ego humano nasce das profundezas do inconsciente. As palavras "psicologia profunda" são relevantes aqui, porque o antepassado original é chamado de Abismo, Profundeza infinda.

No decorrer da queda de Sofia, construiu-se uma fronteira entre o pleroma e o domínio inferior. Essa fronteira é chamada de *horos* ou limite, e ela é um verdadeiro obstáculo para o intercâmbio entre os domínios. Hans Jonas comenta:

O Limite obstrui-lhe [de Sofia] o impulso para frente. Ela não pode penetrá-lo... [e] cai presa de toda sorte de sofrimento. Essas pai-

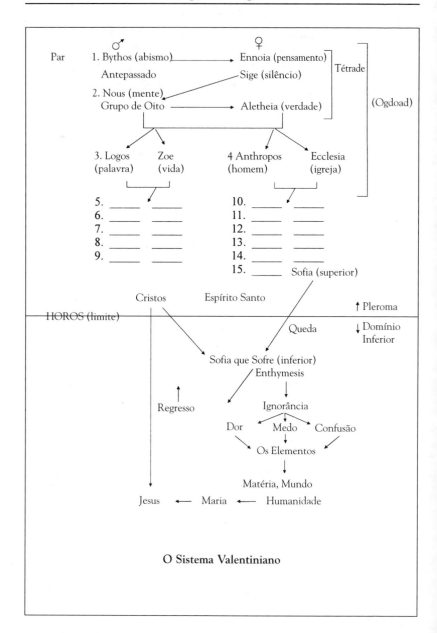

xões ora assumem a forma de estados definidos do ser e, como tais, podem-se tornar a substância do mundo. Esta, então, física e material, é tão-só uma forma estranha a si mesma e submersa do Espírito, consolidada ao passar de atos para condições habituais... O relato de que principalmente nos servimos oferece... a série seguinte de emoções: *pesar*, porque Sofia não poderia deter a luz; *medo*, para que, além da luz, também a vida não a abandonasse; *perplexidade* [ou confusão] acrescentada a essas; e todas as emoções unidas na qualidade básica da *ignorância*... E ainda mais um estado mental provocado: o *voltar*.[96]

Esse "voltar" também é mostrado no esquema. Assim como as quatro paixões negativas, há uma quinta, positiva. Trata-se da paixão de voltar ao lugar de onde se veio e de refazer a ligação. Na história do descenso de Sofia e do sofrimento, um conceito interessante está implicado, e que tem relevância psicológica. A palavra *enthimesis* é usada para descrever o processo por que as paixões de Sofia se tornam substância, são materializadas ou coaguladas. A palavra figura em Ireneu, cujo tradutor simplesmente translitera o grego e deixa a palavra em sua forma original. Ao se reportar a Sofia que sofre, Ireneu escreve:

Essa coleção [de paixões] eles declaram era a substância da matéria a partir de que este mundo foi formado. Pois, de [seu desejo de] voltar [a ele, que deu-lhe a vida], cada alma pertencente a este mundo, e a do próprio Demiurgo, derivou sua origem. [Assim, de acordo com esse relato, o desejo de tornar às origens é a fonte da psique ou da alma da humanidade.] Todas as outras coisas [todas as coisas substanciais] deveram sua origem a seu terror e tristeza. Pois de suas lágrimas tudo o que é de natureza líquida se formou; de seu sorriso, tudo o que é luminoso; e de seu pesar e perplexidade, todos os elementos corpóreos do mundo... quem não gastaria todas as suas pos-

---

96. *The Gnostic Religion*, p. 187.

ses só para aprender, em troca, que, das lágrimas da *enthimesis* do éon envolvido na paixão, os mares e fontes e rios e toda substância líquida derivaram sua origem; que a luz irrompeu de seu sorriso; e que de sua perplexidade e consternação os elementos corpóreos do mundo têm sua formação?[97]

A raiz da palavra *enthimesis* é *themos*, termo homérico que foi utilizado como sucedâneo para a palavra *psique*. Esta é a alma manifesta pelo sangue quente. Homero fala dos grandes heróis usando um termo traduzido como "os magnânimos", mas a palavra grega é *megalothymic* — os de grande *themos*. Ele os descreve como grandes na alma do coração, na alma do sangue. *Enthimesis* é também um processo. Refere-se a colher algo no coração, levá-lo ao *themos*, convertendo-o em algo carregado de afeto. Pode significar estar magoado ou revoltado, mas trata-se de um termo que também significa dispensar às coisas séria consideração, acolhê-las no coração. Coração provavelmente é o melhor termo moderno, do modo como se vê na expressão "ter algo no coração".

Isso nos diz que, quando uma experiência psicológica se transforma em *themos*, ela se coagula. Essa é a maneira por que a matéria é gerada e, como todos sabemos, as experiências carregadas de afeto são as que nunca esquecemos. Elas se acumulam como camadas permanentes nos fundamentos de nossa psique ao passo que o que advém da alma do espírito só pode ir-se com o vento. Eis por que os educadores do século XIX usavam a régua para imprimir a lição no *themos* do estudante. Se você gera algum afeto quando a lição está sendo aprendida, ela não é esquecida. O conceito de *enthimesis* se relaciona com nosso entendimento da realidade da psique, do fato de que ela é substancial e é tornada substancial pelo afeto.

Para se relacionar o sistema de Valentino com a experiência da análise profunda, é preciso começar da base do esquema e subir. O

---

97. "Against Heresies", I, 4, 3, in Roberts e Donaldson, *Ante-Nicene Fathers*, vol. 1, p. 321.

Mundo e a Humanidade na base da figura correspondem à vida pessoal concreta do ego adulto. Explorando o inconsciente por meio da análise, trabalha-se voltando através dos Elementos (fatos psíquicos que podemos reconhecer e discriminar entre si), dos complexos carregados de afeto — Pesar, Medo, Confusão — todos baseados na Ignorância, até a Sofia que sofre. Então, muito amiúde ocorre em meio às experiências paralelas à Sofia que sofre que uma pessoa depare a paixão de Voltar, que de fato significa arrependimento ou *metanoia*. Isso, pois, gera toda uma nova visão psicológica e confere à pessoa um vislumbre do domínio superior, o Pleroma, e a quaternidade talvez, ou o Uno original.

Um traço interessante desse sistema é que a ignorância é considerada um meio eficaz. No que concerne a isso, Jonas diz: "Em tal sistema, 'o conhecimento', a par de sua [forma negativa] privativa, 'ignorância', é alçado a uma posição *ontológica* de primeira ordem."[98] Tanto o conhecimento como a ignorância têm substância. Ignorância significa ausência de conhecimento, vazio, mas em seu uso como um poder ela corresponde muito ao uso psicológico que fazemos do termo "inconsciente". Chamamos a uma entidade particular de o inconsciente — o que não é consciente — mas também lhe atribuímos toda sorte de motivação. Para os gnósticos, a própria ignorância é o agente da criação. Ela foi a paixão primeira de se tornar encarnado, e então ela gerou as outras três paixões, de modo que a ignorância é, de fato, o Demiurgo — tudo o mais é criado dela. Da mesma forma, dizemos em termos psicológicos que o ego é criado a partir do inconsciente.

Um corolário para isso é a idéia de que, enquanto a ignorância enseja uma descida, o seu oposto, o conhecimento, é redentor. Jonas comenta:

> O "conhecimento" também assume um *status* ontológico excedendo em muito qualquer significação simplesmente moral e psicoló-

---
98. *The Gnostic Religion*, p. 174.

gica concedida a ele; e a afirmação de redenção feita em seu nome em toda religião gnóstica recebe aqui um embasamento metafísico na doutrina da existência total, que o transforma [ao conhecimento] convincentemente no veículo único e suficiente da salvação, e faz dessa mesma salvação em cada alma um *evento cósmico*. ... o conhecimento afeta não só o conhecedor mas o conhecido; que por todo ato "privado" do conhecimento a base objetiva do ser se desloca e modifica; que sujeito e objeto são a mesma coisa em essência... esses são dogmas de uma concepção mística do "conhecimento" que ainda podem ter uma base racional nas próprias premissas metafísicas... Essa é a grande "equação pneumática" do pensamento valentiniano: o evento humano e individual do *conhecimento* pneumático é o equivalente às avessas do evento pré-cósmico universal da *ignorância* divina e em seu efeito redentor da mesma ordem ontológica. A realização do conhecimento na pessoa é a um só tempo um ato na base geral do ser.[99]

Essa é uma doutrina muito sofisticada, pelo menos do modo como Jonas a elabora, e ela certamente justifica a idéia de Jung de que os gnósticos eram psicólogos profundos *manqués*. Foram eles os pioneiros da psicologia profunda, e o imaginário que elaboraram em suas fantasias metafísicas tem aplicação direta quanto a nosso entendimento da psique. De nosso ponto de vista, a falha em sua concepção é que a matéria não foi redimida. Devia-se escapar da matéria, uma casca a ser posta fora e descartada. Eles tinham a idéia de que o espírito perdido na matéria era necessário por parte da Divindade original para a sua salvação, mas eles consideravam isso um evento singular. Não tinham a noção da transformação de Deus como um processo contínuo a requerer encarnação.

Uma outra imagem psicologicamente interessante é a de *horos* — limite ou fronteira — representada no esquema como uma linha separando o pleroma do domínio inferior. Em termos psicológicos,

---

99. Ibid., pp. 175s.

isso pode ser considerado uma imagem de um limite de separação entre o inconsciente pessoal e o inconsciente coletivo. Temos descrições desse limite no material gnóstico, que nos pode ajudar a entender sua natureza psicológica. Jonas diz:

> O Limite tem... dúplice função, uma de constância e outra de separação: numa ele é chamado de Cruz, na outra, de Limite. Ambas as funções se exercem em dois lugares diversos: entre o Abismo e o resto do Pleroma, a fim de delimitar os éons gerados do Pai não-gerado... e uma vez mais, entre o Pleroma como um todo e o exterior. [O esquema mostra apenas a última função.]... Na seqüência do drama, só o seu papel é enfatizado nos limites exteriores: "Ele divide o cosmos a partir do Pleroma". ... O sentido dessa figura peculiar, que surge apenas com o erro de Sofia... é precisamente este, o de que através da aberração de Sofia, uma mudança decisiva ocorreu na ordem divina, que torna necessária essa função: ela possui sua integridade não mais de modo simples e inquestionável, mas só em contraste com uma negatividade postulada de fora. Essa negatividade é o resíduo da perturbação que, *por meio* da conversão da Sofia e da *separação* que ela envolvia, tornou-se hipostatizada como um domínio positivo por si mesmo. Só a esse preço é que o Pleroma se poderia libertar. Assim, o Limite não foi planejado na constituição original da Plenitude, i. e., da auto-expressão livre e adequada da divindade, mas foi necessitado pela crise como um princípio da consolidação e da separação protetora. O aparecimento da própria figura é, pois, um símbolo do dualismo inicial à medida que surge dialeticamente de seu próprio Ser original.[100]

Aplicando essas imagens à psicologia dos seres conscientes, podemos dizer que a diferença entre os organismos que têm certo grau de consciência e os que estão de todo contidos na natureza é que a psique de um partiu-se e a do outro ainda está unificada. O organis-

---

100. Ibid., p. 184.

mo totalmente natural ainda opera no pleroma. Não está claro exatamente em que nível a consciência principia. Está claro que os cães a têm em certo grau; eles podem apresentar claramente a cisão. Em primeiro lugar, contudo, é o ser humano que tem consciência em virtude do fato de que a psique está cindida. A reflexão não pode existir até o momento. Tem de haver duas entidades antes que uma se possa refletir na outra, antes que possa haver sujeito e objeto. É como se nos primórdios da consciência que aflora, a psique se dividisse como um organismo unicelular. Ela se parte em dois, e então prossegue a divisão — de acordo com esse sistema gnóstico, até trinta. *Horos* é o instrumento da divisão.

É interessante que esse limite também seja igualado à cruz: *horos* não é apenas uma parede, é também uma quaternidade. No processo da análise, quando as mandalas com estrutura quaternária afloram nos sonhos, a pessoa pode muito bem perceber essas imagens como uma expressão de *horos*. Segundo Jonas, *horos* tem uma dupla função: um efeito de constância e de separação. As imagens da mandala da mesma forma têm um efeito de constância e de separação. Elas tendem a provocar a ordem em alguém que se acha em estado de confusão, uma constância, e, ao mesmo tempo, tendem a ajudar o ego a se desidentificar quanto aos conteúdos inconscientes — poder-se-ia dizer, quanto ao conteúdo pleromático.[101] Ignoramos todos os fatores que determinam a natureza da fronteira de *horos* entre a psique pessoal e o inconsciente coletivo. Há algumas evidências de que os fatores genéticos estão em atividade. Algumas classes [*strains*] genéticas de indivíduos parecem apresentar um limite mais poroso do que outras.

Jonas também aborda o uso que os gnósticos fazem do termo "projeção". Diz ele, "Esse é o equivalente literal latino da palavra grega *probolé*, que é o termo constante usado nesses textos para essa ati-

---

101. Jung se refere à identidade de *horos* e à cruz de Cristo em *Aion*, CW 9ii, par. 118, nota de rodapé.

vidade criativa mais comumente traduzida como 'emanadora'."[102] Toda a seqüência de desenvolvimento do Pai original nos trinta éons e, de modo descendente, no domínio inferior, é descrita como um ato de "lançar-se para frente", mas é mais bem traduzida pela palavra "projeção".

Isso lembra um dos sonhos de Jung, que ele relatou como segue:

> Num sonho, que tive em outubro de 1958, avistei da minha casa dois discos reluzentes como o metal e com a forma de lentes, que se precipitavam num arco estreito sobre a casa e até o lago. Eram dois OVNIs... Então, um outro corpo veio voando diretamente em minha direção. Era uma lente de circunferência perfeita, como a objetiva de um telescópio. A uma distância de quatrocentas ou quinhentas jardas, ele se conservou imóvel por alguns momentos, depois voou para longe. Logo a seguir, um outro veio correndo pelo ar: uma lente com uma extensão metálica que levava a uma caixa — uma lanterna mágica. A uma distância de sessenta ou setenta jardas, ele se manteve imóvel no ar, voltado bem para mim. Acordei com certo sentimento de espanto. Ainda sonado, ocorreu-me o seguinte pensamento: "Sempre achamos que OVNIs são projeções nossas. Ora, sucede que nós é que somos projeções deles. Sou projetado pela lanterna mágica como C. G. Jung. Mas quem manipula o aparato?"[103]

Ele faz que a este se siga um outro sonho em que ele é a projeção de um iogue em meditação. Esses sonhos são bastante análogos à imagem gnóstica da emanação, e expressam algo da mesma idéia: que o ego humano é arremessado (ou projetado) a partir de uma fonte profunda além de seu conhecimento, salientando o fato de que não criamos a nós mesmos.

---

102. *The Gnostic Religion*, p. 180, nota de rodapé.
103. *Memories, Dreams, Reflections*, p. 323.

No mito gnóstico, um outro desenvolvimento é a criação da humanidade. De acordo com o relato de Jonas, Sofia ainda estava sofrendo em seu exílio dos domínios superiores. Ela era incapaz de formar a matéria e a alma a partir de suas paixões, mas não podia formar o espírito porque ele era da mesma essência dela, de modo que o Demiurgo, o autor ignorante do mundo material, teve de ser envolvido na criação da humanidade. Sem entender claramente o que estava fazendo, ele moldou o homem terreno e insuflou nele o homem psíquico. Em última análise,

> A própria gnose é finalmente levada a uma humanidade suficientemente acabada por parte de Jesus unificado com Christos, que baixa sobre o Jesus humano em seu batismo... [Nunca houve] um "pecado original" do homem, uma culpa da alma humana: houve, em vez disso, uma culpa de um tempo precedente de um éon, uma insurreição divina, cuja reparação em seu curso requeria a criação do mundo e a do homem. Assim, o mundo, desconhecido de seu autor imediato [o Demiurgo], é para o bem da salvação, não a salvação para o bem do que houve na criação e para a criação. E o objeto real da salvação é a própria divindade.[104]

Trata-se de uma idéia bem moderna, impossível de defender dois séculos atrás; porém, compare-a com as afirmações do século XX feitas por Jung:

> O sofrimento do homem não deriva de seus pecados mas do criador de suas imperfeições, o Deus paradoxal.[105]

> A introvisão de Buda e a Encarnação em Cristo rompem a cadeia [do sofrimento] por meio da intervenção da consciência humana

---
104. *The Gnostic Religion*, p. 195s.
105. "Jung and Religious Belief", *The Symbolic Life*, CW 18, par. 1681.

iluminada, que, por isso, adquire um significado metafísico e cósmico.[106]

A individuação e a existência individual são indispensáveis para a transformação de Deus.[107]

No sistema gnóstico, embora a longo prazo seja a Divindade que requer salvação, a curto prazo a humanidade deve ser resgatada de seu estado de ignorância e despertada para sua origem celestial.[108] No sistema valentiniano, a redenção da humanidade é realizada pela criação de um par extraordinário de Éons, *Christos* e o Espírito Santo. Trata-se de uma história complicada, mas um aspecto do Éon de *Christos* descende do Pleroma, habita Jesus em seu batismo e o abandona na crucificação. O objetivo disso é levar a gnose para a humanidade, despertando-a para a compreensão de suas origens espirituais, de modo a poder cumprir sua tarefa cósmica de restaurar o Pleroma à paz e à harmonia. Esse imaginário corresponde psicologicamente à tendência do *Self* ativado quanto a fazer-se conhecer ao ego, a fim de aumentar-lhe a perspectiva e levá-lo a uma atitude religiosa.

Por fim, consideremos o notável documento valentiniano, recentemente descoberto, "O Evangelho da Verdade". Ele foi encontrado no Egito em 1948, entre outros antigos documentos no que se conhece como a biblioteca de Nag Hammadi. Ele era um dos cinco tratados reunidos num único códice ou livro.[109] Vários estudiosos gnósticos acreditam que esse documento foi escrito na metade do segundo século pelo próprio Valentino; obviamente, ele foi escrito por uma grande personalidade. Trata-se de uma obra bela e profunda, po-

---

106. *Letters*, vol. 2, p. 311.
107. Ibid., p. 314.
108. "The Hymn of the Pearl" é uma bela história simbólica concernente a esse evento. Ver Jonas, *The Gnostic Religion*, pp. 112ss, e meu *Ego and Archetype*, pp. 119ss.
109. Por intervenção de um filantropo, o códice foi comprado para o Jung Institute em Zurique e recebeu o título de *The Jung Codex*.

rém, a fim de segui-la, é necessário estar familiarizado com o sistema valentiniano.

A obra é intitulada "Evangelho da Verdade", e a palavra grega que designa a verdade é *aletheia*, que, como demonstra o esquema, era um dos quatro seres da tétrade original; ela é o ser de que todo o documento deriva, por assim dizer. A raiz da palavra *aletheia* é *lethe*, que originariamente se referia ao rio do oblívio ou esquecimento. Algumas passagens das Escrituras em João provavelmente estão por trás desse "Evangelho da Verdade". (O de João é o mais gnóstico dos quatro evangelhos.) Por exemplo: "E conhecereis *aletheia*, e *aletheia* vos libertará."[110] "Eu sou o caminho, a *aletheia* e a vida."[111] "Quando ele, o Espírito de *aletheia*, vier, vos guiará para toda a *aletheia*."[112] "Para isto eu nasci e por esta causa vim ao mundo, a fim de dar testemunho da *aletheia*."[113] Pilatos pergunta, "O que é *aletheia*?"[114] Atualmente, podemos traduzir essa palavra como "consciência", e de maneira igualmente exata como "verdade".

"O Evangelho da Verdade" principia desta forma:

> O evangelho da verdade é uma alegria a quantos receberam do Pai da verdade a dádiva de conhecê-lo, por meio do poder do Verbo que adveio do pleroma — o que está no pensamento e na mente do Pai, ou seja, o que é mencionado como o Salvador, (este) sendo o nome da obra que ele deve realizar para a redenção dos que estiveram ignorantes do Pai, ao passo que o nome [do] evangelho é a proclamação da esperança, sendo a descoberta a quantos o procuram.
>
> Na verdade, o todo [a totalidade das criaturas] pôs-se a buscar aquele de quem viera, e o todo estava dentro dele, o incompreensível, inconcebível, superior a cada pensamento. A ignorância do Pai

---

110. 8:32; Bíblia do Rei Jaime.
111. 14:6; Bíblia do Rei Jaime.
112. 16:13; Bíblia do Rei Jaime.
113. 18:37; Bíblia do Rei Jaime.
114. 18:38; Bíblia do Rei Jaime.

gerou angústia e horror. E a angústia se espessou como névoa, de modo que ninguém conseguia ver. Por essa razão, o erro ganhou força; deu forma a sua própria matéria insensatamente, sem ter conhecido a verdade. Pôs-se a criar uma criatura com (todo o seu) poder.

Aqui, há uma ligeira variação quanto ao quadro. Nessa versão particular, *plane*, ou erro, ocupa o lugar do Demiurgo. Ele é o criador. O erro ganhou força, moldou sua própria matéria e pôs-se a fazer uma criatura. O documento prossegue:

> Esse [é] o evangelho daquele que é procurado, evangelho que [foi] revelado aos que são perfeitos por intermédio da graça do Pai — o mistério oculto, Jesus o Cristo. Através disso, ele iluminou os que estavam nas trevas. Do oblívio [a palavra é *lethe*], iluminou-os, mostrou(-lhes) um caminho. E este é a verdade que lhes ensinou. [Do *lethe*, ele os iluminou, e o caminho é *aletheia*, que ele lhes ensinou.]
> Por essa razão, o erro revoltou-se com ele, perseguiu-o, sofreu por ele (e) foi arruinado. Foi pregado a uma árvore. [Isso se refere a Jesus o Cristo, que trouxe a gnose.]... Ele tornou-se um fruto do conhecimento do Pai que, contudo, não se tornou destrutivo porque ele [foi] comido.[115]

Essa é uma referência ao fruto da árvore do conhecimento do bem e do mal, mas esse fruto, Jesus, foi o fruto positivo da árvore, o que reflete a idéia gnóstica de que o fruto da árvore da gnose não pode ser ruim. Uma outra parte do documento:

> Depois de todas essas coisas, vieram também as criancinhas, a quem pertence o conhecimento do Pai. Depois de se fortalecerem, aprenderam coisas sobre as impressões do Pai. Conheciam, eram conhecidas; eram glorificadas, glorificavam. Revelara-se-lhes no coração o livro vivo dos vivos — escrito no pensamento e na mente [do]

---

115. George W. MacRae, trad., "The Gospel of Truth", pp. 37s.

Pai... Ninguém poderia ter aparecido entre os que acreditavam na salvação a menos que o livro tivesse intervindo.[116]

Eis aqui a imagem arquetípica do livro da vida, uma imagem que ocorre nos sonhos e que também é mencionada na Bíblia. Neste texto, ela é descrita como o agente em funcionamento da gnose, o que traz o conhecimento que salva. A seguinte é mais uma passagem particularmente interessante:

> Os que devem receber a doutrina [são] os vivos inscritos no livro dos vivos. Eles recebem a doutrina sobre si mesmos. Recebem-na do Pai, tornando de novo a ele. De vez que a perfeição [a completude] do todo está no Pai, é necessário ao todo [ou seja, toda a criação] ascender a ele. Então, se a pessoa tem conhecimento, ela recebe suas posses e as traz a si. Aquele que é ignorante está em necessidade, e o que lhe falta é grande, visto que lhe falta o que o tornará perfeito [ou seja, íntegro]. De vez que a perfeição do todo está no Pai e que é necessária para que o todo ascenda a ele e para que cada um receba as suas posses, ele as arrolou de antemão, tendo-as preparado para dar a quantos advieram dele.
>
> Aqueles cujo nome ele sabia de antemão foram chamados no fim, de modo que aquele que tem conhecimento é aquele cujo nome o Pai pronunciou. Pois aquele cujo nome não foi dito é ignorante. Na verdade, como pode alguém ouvir se seu nome não foi chamado? Pois aquele que é ignorante até o fim é uma criatura de esquecimento [*lethe*] e desvanecerá com ele. Se não, como é que esses infelizes não têm nome, (como é que) não têm o chamado? Portanto, se a pessoa tem conhecimento, ela vem de cima. Se ela é chamada, ouve, responde e se volta àquele que a está chamando, ascendendo a ele... Aquele que deve ter conhecimento dessa forma sabe de onde vem e para onde vai. Sabe como aquele que, de-

---

116. Ibid., p. 39.

pois de estar embriagado, evadiu-se de sua ebriedade (e), tendo tornado a si mesmo, corrigiu o que lhe cabe.[117]

Há duas imagens importantes aqui. Uma é o chamado ou vocação; a outra é o nome, a identidade de alguém, e as duas estão ligadas. O chamado traz o nome de alguém e torna possível descobrir qual é a identidade desse alguém. Esses temas afloram no processo de análise. A pessoa é chamada a partir do inconsciente e, seguindo as pistas, descobre o próprio nome, descobre o que é.

Um outro fragmento do "Evangelho da Verdade" lida com a opinião:

> A opinião... [advém] de cima. Ela... [expressa] opinião sobre cada um; trata-se de uma espada com dois gumes, a cortar de ambos os lados. Quando o Verbo entrou no meio, aquele que está dentro do coração dos que o pronunciam — não se trata de apenas um som, mas ele se tornou um corpo — uma grande perturbação se deu entre os vasos [Anteriormente, o autor descreveu os indivíduos como vasos de natureza distinta: cheios, vazios, rachados, de qualidade diferente] porque alguns [vasos] tinham sido esvaziados, outros cheios; ou seja, alguns tinham sido abastecidos, outros, despejados, alguns tinham sido purificados, outros ainda, quebrados. Todos os espaços foram abalados e perturbados porque não tinham nem ordem nem estabilidade. O erro viu-se perplexo, ignorando o que fazer; padecia, ao se lamentar, afligindo-se porque nada sabia. Quando o conhecimento dele se aproximou — essa é a queda do (erro) e de todas as suas emanações — o erro ficou vazio, sem nada ter por dentro.[118]

Essa é uma imagem particularmente vívida de certo aspecto do encontro com o numinoso — o vazio de alguém é despedaçado. Os

---

117. Ibid., p. 40.
118. Ibid., pp. 41s.

vasos que não são sólidos, que não são integrados, conhecem-no como a uma catástrofe, mas os que são fortes estão cheios.

O "Evangelho da Verdade" termina com uma passagem que apresenta uma inclinação espiritual de um ponto de vista moderno, mas que é também uma descrição de um grau real de completude alcançada:

> Tal é a maneira dos que possuem (algo) de cima e de grandeza imensurável, de vez que estes estendem os braços ao sozinho e perfeito, o que lá está para eles. E não baixam ao Hades nem têm inveja nem mágoa nem morte dentro deles, mas repousam naquele que está em repouso, sem esforço nem envolvimento com a busca da verdade; pois que eles próprios são a verdade, e o Pai está dentro deles, eles estão no Pai, sendo perfeitos, indivisos no verdadeiramente bom, não sendo faltos de nada, mas em repouso, com o refrigério no Espírito. E estes cuidarão de suas raízes. Ocupar-se-ão com aquelas (coisas) em que ele achará suas raízes e não sofrerá perdas em sua alma. Tal é o lugar dos abençoados; tal é seu lugar.[119]

---

119. Ibid., p. 48.

# 7

# Clemente de Alexandria

O erudito Charles Bigg nos dá essas informações sobre a vida de Clemente de Alexandria, que viveu cerca de 150 a 215. Ele escreve:

> [Clemente] era grego, provavelmente um ateniense. Ele nasceu mais ou menos na metade do segundo século... Aparentemente era filho de pais gentios, e... a exemplo de muitos outros espíritos ardentes naquela época agitada, ele vagueou muito em busca da verdade até que por fim no Egito ele [encontrou] Panteno [o líder da escola catequética cristã de Alexandria na época. Ele se tornou discípulo de Panteno e depois sucedeu-lhe como o líder da escola catequética.] Ele aparentemente fugiu à perseguição de Severo em 203, e não voltou ao Egito... [Ele] foi essencialmente um homem de letras, e seu genial temperamento contemplativo tornou-o avesso à controvérsia direta e à azáfama da vida prática. Seus escritos são um retrato fiel de seus estudos e pensamentos, mas pouco nos dizem do incidente. Em tempos posteriores, ele foi considerado um prodígio do conhecimento... A esfera abarcada por sua familiaridade com literatura grega, eclesiástica, gnóstica e clássica era... ampla.[120]

---

120. *Christian Platonists of Alexandria*, pp. 44ss.

Muitos dos antigos Padres, tanto da gnose como da Igreja, trazem em si traços inflamados de sectarismo, mas o mesmo não vale para Clemente. Foi ele um espírito aberto, generoso e acolhedor, que poderia ser imaginado como o Filo cristão. Filo foi uma figura proeminente em Alexandria 150 anos antes de Clemente, que fizera uma síntese das escrituras hebraicas e da filosofia grega. Clemente assimilou grande parte do pensamento e do método de Filo, e os usou segundo seus objetivos, que eram promover a síntese das escrituras hebraicas mais a tradição cristã com a filosofia e a cultura gregas. Ele é o principal expoente nessa síntese. Diz Bigg:

> O Evangelho em seu ponto de vista não é uma partida, mas o ponto de encontro de duas linhas de progresso convergentes, quais sejam do helenismo e judaísmo. Para ele, toda história é uma só, porque toda verdade é uma. "Há um rio da Verdade", diz ele, "mas muitos afluentes se encontram com ele desse ou daquele lado." Entre os escritores cristãos, nenhum até épocas bem recentes [ele está falando sobre o século XIX], nem mesmo Orígenes, tem uma concepção tão clara e grandiosa do desenvolvimento da vida espiritual... Os frutos da Razão não devem ser julgados nos ignorantes e sensuais, mas em [os melhores representantes, tais como] Heráclito, em Sófocles, em Platão. Pois, tal como estes, a Ciência fora um pacto de Deus, ela os justificara como a Lei justificou os judeus. Ele ainda repete a velha [idéia de Filo]... de que o filósofo grego "roubara" suas melhores idéias dos livros de Moisés; mas sua crença real é vista nas muitas passagens em que ele afirma que a Filosofia é uma dádiva não dos demônios [que é o que asseveravam alguns dos Padres da Igreja] mas de Deus através do Logos cuja luz sempre se irradia sobre sua imagem terrena, a inteligência do homem.[121]

---

121. Ibid., pp. 47ss.

Algumas passagens do próprio Clemente exemplificarão essa descrição:

> Antes do advento do Senhor, a filosofia era necessária aos gregos para a integridade. E agora ela se torna conducente à piedade; por ser um tipo de treinamento preparatório a quantos logram a fé por meio da demonstração... Pois que Deus é a causa de todas as coisas boas; mas de algumas fundamentais, como do Antigo e Novo Testamentos; e de outras em conseqüência, como a filosofia. É possível também que a filosofia tenha sido dada aos gregos direta e fundamentalmente, até que o Senhor chamasse os gregos. Para tanto estava um mestre-escola a levar "a mente helênica", como a lei, os hebreus, "para Cristo". A filosofia, portanto, era uma preparação, abrindo caminho para aquele que é perfeito em Cristo.[122]

Ele é um homem magnânimo e generoso, com uma grande visão da realidade espiritual em todas as suas manifestações. Em outro passo:

> De vez, portanto, que a verdade é uma só... assim como as bacantes dilaceraram os membros de Penteu, assim também as seitas da filosofia bárbara e helênica destruíram a verdade e cada qual alardeia como toda a verdade a parcela que lhe cabe; mas todas, em minha opinião, são iluminadas pela aurora da Luz. Que todos, pois, tanto gregos como bárbaros, que aspiraram à verdade — tanto os que não possuem pouco e os que detêm qualquer parte — produzam tudo o que tem da palavra da verdade... [A verdade] pode reunir seus próprios germes, embora eles tenham caído em solo estranho. Pois descobriremos que muitos dos dogmas que são tidos por tais seitas como não desprovidos inteiramente de sentido, e que não se acham apartados da ordem da natureza... embora parecendo diversos entre si, correspondem em sua origem e com a verdade co-

---

122. Misc. I, 5, in Roberts e Donaldson, *Ante-Nicene Fathers*, vol. 2, p. 305.

mo um todo. Pois coincidem em uma coisa, quer como parte, como espécie, como gênero. Por exemplo, embora a nota mais alta seja diferente da mais baixa, ambas compõem uma harmonia... em todo o universo, todas as partes, embora se diferenciando umas das outras, preservam sua relação com o todo. Assim, também, a filosofia bárbara e helênica arrancou um fragmento da verdade eterna não da mitologia de Dioniso, mas da teologia do Verbo eterno. E diga-se que Aquele que une de novo os fragmentos separados e os torna uma coisa só, sem risco contemplará o Verbo perfeito, a verdade.[123]

Esses são sentimentos de ampla magnitude, advindos do segundo século. O principal método de Clemente para unir as duas vertentes da filosofia grega e judeu-cristã foi a alegoria, o mesmo método usado por Filo. Foi ela uma modalidade característica de todos os alexandrinos. O método alegórico de Clemente não era tão sofisticado quanto o de Filo, porém, o primeiro o usava muito amplamente. Por exemplo, falando dos cinco livros de Moisés, a que ele se refere como a "filosofia mosaica" (quem, exceto um platônico alexandrino, faria isso?), ele diz que o conteúdo do Pentateuco pode ser dividido em quatro tipos: primeiro, o histórico — a história fatual imediata; segundo, o legislativo ou ético — as leis mosaicas; terceiro, o sacrificial, referindo-se aos rituais físicos que são requeridos; e quarto, o teológico, a que ele chama de "'visão', que Platão pressupõe quanto aos mistérios verdadeiramente grandes. E essa espécie Aristóteles chama de metafísica".[124] Essa quarta categoria, o conteúdo teológico da filosofia mosaica, presta-se à interpretação alegórica ou simbólica. Clemente diz que ela pertence à visão, usando a palavra *epoptia*, também usada para descrever a experiência culminante nos mistérios eleusinos maiores; assim, não se trata de visão comum tão-somente, mas de suprema visão.

---

123. Misc. I, 13, in ibid., p. 313.
124. Misc. I, 28, in ibid., p. 340.

Isso nos leva a um tema muito importante em Clemente: sua compreensão dos mistérios eleusinos e sua aplicação do imaginário deles para a Cristandade. Ele se refere aos mistérios gregos com freqüência. Bigg sugere que ele pode ter sido um iniciado de Elêusis, e, com base em seus escritos, isso parece muito provável. Preparando sua "Exortação aos Gregos",[125] torna-se igualmente claro que ele traiu seu segredos; Clemente nos fala muito. Era proibido, sob pena de perder a vida, falar dos mistérios, de modo que a questão não era irrelevante.

Consideremos algumas passagens da "Exortação aos Gregos". Anteriormente, Clemente estivera analisando os mistérios dionisíacos envolvendo os Coribantes — as Mênades — e então ele passa aos Mistérios Eleusinos. Diz ele:

> Deméter, vagueando em busca de sua filha Core, prostrou-se fatigada perto de Elêusis, um sítio na Ática, e sentou-se sobre um poço tomado pela dor. Esse poço é até hoje proibido aos que são iniciados, para que não pareçam imitar a deusa em prantos. Os habitantes nativos então ocuparam Elêusis: seus nomes eram Baubo, Dusaules e Triptolemo [esse é um relato diferente daquele com que estamos mais familiarizados]... Baubo, depois de receber Deméter hospitaleiramente, deu-lhe uma bebida refrescante; e, depois que esta a recusou, já que não tinha inclinação à bebida (pois que estava muito triste), Baubo aborreceu-se e se considerou alvo de desprezo, descobriu sua vergonha e exibiu sua nudez à deusa. Deméter encantou-se diante da visão e tomou, embora com dificuldade, a bebida — satisfeita, repito, diante do espetáculo. São esses os mistérios secretos dos atenienses; esses são registros de Orfeu. Darei as próprias palavras de Orfeu, a fim de que possais ter a maior autoridade nos mistérios, como evidência dessa obra de torpeza [citando algum relato de que não temos nenhum conhecimento]:

---

125. Chamada de "Exortação aos Gentios" em Roberts e Donaldson, *Ante-Nicene Fathers*.

"Tendo falado assim, ela [Baubo] pôs de parte os trajes,
E exibiu toda a parte do corpo que é impróprio mencionar,
E com a mão Baubo despiu-se da cintura para baixo
Amavelmente, a deusa se riu e sorriu interiormente,
E recebeu a taça reluzente em que estava a bebida."

Clemente prossegue:

E o que se segue é o sinal dos mistérios eleusinos: *jejuei, bebi da taça; recebi da caixa; depois de terminar, coloquei-a na cesta, e da cesta passei à arca*. Bela visão na verdade, e se tornando uma deusa; mistérios dignos da noite, e da chama, e do povo magnânimo ou um tanto tolo dos [atenienses] e dos outros gregos, além disso... E, em verdade, contra esses Heráclito o efésio profetiza na forma dos "notívagos, os magos, bacanais... os iniciados". Esses ele ameaça com o que causará a morte, e lhes prediz o fogo. Pois o que se considera entre os homens mistério eles celebram de modo sacrílego... O que são essas arcas místicas? [Ele se refere à afirmação de que "coloquei-a na cesta e da cesta passei à arca".] Pois devo exibir suas coisas sagradas, e divulgar coisas não apropriadas à fala. Não são elas bolos de gergelim e bolos em forma de pirâmide, redondos e achatados, enfeitados inteiramente, e punhados de sal e uma serpente, o símbolo de Dioniso...? E além desses, não são romãs e ramos e varas e folhas de hera? E além disso, bolos de forma esférica e sementes de papoula? E ademais, há os símbolos não passíveis de ser mencionados de Themis, manjerona, uma candeia, uma espada, uma escova de mulher que é um eufemismo e expressão mística para as *muliebria*. [Essa é a palavra latina que designa as partes secretas da mulher. Assim, seria uma imagem das partes pudendas que está na raiz das *epoptia*, pelo menos do modo como o revela Clemente.][126]

---

126. "Exortação", II, in ibid., vol. 2, pp. 176s.

Embora ele critique esses mistérios e os espicace, despende muito tempo neles, e, como Jung ressalta, não é psicologicamente importante se uma pessoa é contra alguma coisa ou a favor dela; o que importa é o tema de sua preocupação. Isso indica o que lhe está envolvendo a psique. Embora Clemente criticasse os antigos mistérios pela obscenidade deles e por sua natureza primitiva, ele estava impregnado do imaginário do mistério e o transferiu para sua compreensão da Cristandade. Na "Exortação aos Gregos", ele escreve sobre os mistérios de Dioniso do modo como estão retratados nas *Bacantes* de Eurípedes, e ele aplica o simbolismo dos mistérios de Dioniso na experiência cristã. Ele incita os gregos a que deixem de lado os mistérios de Dioniso e sigam em vez disso o Espírito Santo, que os iniciará em mistérios diferentes.

Então verás o meu Deus, e serás iniciado nos mistérios sagrados, e usufruirás as coisas que estão guardadas no céu e reservadas a mim... "E em verdade me parece que vejo dois sóis/E uma Tebas dupla", disse alguém atacado de loucura no culto aos ídolos, intoxicado de pura ignorância. [Esse era Penteu nas *Bacantes* de Eurípedes.] Eu me compadeceria de sua intoxicação frenética e assim, frenético, eu o convidaria à sobriedade da salvação...

Vinde, ó loucos, sem vos curvardes ao tirso e sem coroa de hera; ponde fora a mitra, deixai de lado a pele da corça; recobrai a razão. Eu vos mostrarei o Verbo [o logos] e os mistérios do Verbo, explicando-os a vosso modo. Essa é a montanha amada de Deus — não o tema de tragédias como *Cithaeron* — mas consagrada a dramas da verdade — um monte de sobriedade, à sombra de florestas de pureza; e lá sobre ele festejam não as Mênades, as filhas de Semele, que foi atingida pelo raio, praticando em seus ritos iniciáticos a partilha profana da carne — mas as filhas de Deus, os belos cordeiros que celebram os santos ritos do Verbo, entoando sóbria dança coral. Os justos são o coro; a música é um hino do Rei do universo. As donzelas ferem as cordas da lira, os anjos louvam, os profetas falam... Aproxima-te também, ó tu, ancião, deixando Tebas [ou seja, Tirésias], e, livrando-te da adivinhação e do frenesi báquico, concede em ser conduzido à verdade. Dou-te a haste [da cruz] em que possas te apoiar. Apressa-te, Tirésias; crê, e verás. Cristo, por meio de quem os olhos dos cegos recobram a luz, derramará sobre ti luz mais radiante do que o sol; a noite fugirá de ti, o fogo terá medo, a morte passará; tu, ancião, que não viste Tebas, verás o céu. Ó mistérios verdadeiramente sagrados! Ó luz sem mácula! minha via está à luz das tochas, e perscruto os céus e a Deus; me faço santo enquanto sou iniciado. O Senhor é o hierofante... Tais são os delírios de meus mistérios. Se for tua vontade, sê também iniciado; e te unirás ao coro com os anjos em torno ao ainda não gerado e indestrutível e único verdadeiro Deus, o Verbo de Deus, entoando o hino conosco.[127]

Platão aplicou esse imaginário da iniciação aos mistérios da filosofia. Afirmou que os verdadeiramente iniciados são os filósofos que tiveram a visão, *epoptia*, do domínio transcendente das idéias platônicas. Esses iniciados são mencionados como *teleios*. Essa palavra é traduzida como "iniciados", mas seu outro sentido é o de "completo"; *teleios* tem duplo sentido. Clemente usa o mesmo método de Platão; ele estava impregnado de platonismo. Ele transfere, porém, as imagens dos mistérios para *epoptia* de Cristo ou da palavra de Deus. Há uma série de transferências [*transfers*]. Os filósofos traduziram a concretização primitiva e original do imaginário do mistério em sua versão filosófica, e Clemente então transferiu-a uma vez mais a uma versão teológica ou religiosa.

Isso é relevante para a psicologia profunda porque, novamente, transferimos ou reinterpretamos o simbolismo dos mistérios para um entendimento do processo de individuação, uma experiência interior, psicológica e subjetiva. O mesmo imaginário é entendido num novo contexto. Compreendemos que se tornar iniciado, tornar-se *te-*

---

127. "Exortação", XII, in ibid., p. 205.

*leios*, significa tornar-se completo ao estar conscientemente em conexão com o arquétipo da totalidade.

Poder-se-ia perguntar: o que individuação tem a ver com os mistérios? É um fato da experiência que o encontro de uma pessoa com o *Self* é um mistério em sua essência. Isso quer dizer duas coisas. Primeiro que tudo, a experiência tem uma dimensão quanto a isso que não pode ser apreendida nem compreendida pelo ego. Trata-se também de um mistério no sentido de que é, inevitavelmente, um segredo, porque algo tão individual e único, que não pode ser comunicado a outra pessoa. Pode ser descrito, mas sua natureza essencial não pode ser comunicada a quem não tiver tido a mesma experiência e, mesmo nesse caso, os aspectos únicos da experiência são para sempre incomunicáveis. É esse mesmo caráter único que cristaliza a experiência de ser um indivíduo, uma mônada sem visibilidade [*windowless*] que, no que tange a suas raízes, é singular. É essa experiência que é a segurança contra a imersão no coletivo ou a reidentificação com ele.

Houve dois estágios de iniciação nos mistérios eleusinos. Houve os mistérios menores e os maiores. Os mistérios eram preparatórios e envolviam purificação e instrução. O maior era a iniciação que levava a *epoptia*, visão transformadora. Esses dois níveis da iniciação do mistério foram adotados por Clemente e aplicados à congregação cristã. A congregação era vista como consistindo em duas classes, a exotérica e a esotérica. Os exotéricos eram simplesmente crentes, mas os esotéricos eram os poucos seletos que se haviam iniciado nos mistérios mais profundos e que tinham acesso a um evangelho secreto. Agora sabemos por um fato que havia uma doutrina secreta que estava reservada aos mais avançados, e que, provavelmente, o grupo exotérico nem sequer tinha conhecimento dela.

Tivemos uma sorte notável quanto à descoberta recente de uma carta de Clemente sobre esse assunto. Essa carta foi descoberta nos anos 60 pelo estudioso Morton Smith, que estava catalogando antigos manuscritos num monastério ortodoxo perto do Mar Morto.[128]

---

128. Smith publicou esse material em seu livro *The Secret Gospel* em 1973.

Encontramos algumas páginas que tinham sido coladas para prender um manuscrito posterior. Nessas páginas descobriu-se uma antiga carta de Clemente de Alexandria. Ao que tudo indica, alguém escrevera a Clemente dizendo-lhe que tinha visto uma versão do Evangelho segundo São Marcos que incluía passagens que não se achavam na versão ortodoxa. Ele perguntava a Clemente sobre sua autenticidade. Na carta que se segue, Clemente está respondendo essa pergunta:

> A Teodoro: Fizeste bem em silenciar os ensinamentos indizíveis dos carpocratianos. Pois estes são os "astros errantes" mencionados na profecia, que transitam da estrada estreita dos mandamentos até um abismo sem fim de pecados carnais e corporais. Pois, jactando-se do conhecimento, como dizem, "das [coisas] profundas de Satã", eles ignoram que se estão lançando ao "mundo ínfero das trevas" da falsidade, e, alardeando que são livres, tornaram-se escravos dos desejos servis. Tais [homens] devem ser enfrentados de todas as maneiras e totalmente. Pois, mesmo que digam algo de verdadeiro, quem ama a verdade não... concordará com eles. Nem todas as [coisas] verdadeiras são verdade, tampouco aquela verdade que [tão-só] parecer verdadeira de acordo com as opiniões humanas deverá ser preferida à verdade verdadeira, conforme com a fé.
>
> Ora, das [coisas] que continuam a dizer sobre o Evangelho segundo Marcos, de inspiração divina, algumas são falsificações rematadas, e outras, mesmo quando trazem alguns [elementos] verdadeiros, não obstante isso não são relatadas com veracidade. Pois as [coisas] verdadeiras, de mistura com invenções, são falsificadas, de modo que, como [diz] o ditado, até o sal perde o sabor.
>
> [Quanto a] Marcos então, durante a estada de Pedro em Roma, ele escreveu [um relato dos] feitos do Senhor, sem, contudo, declarar todos [deles], e sem aludir [aos] secretos, mas selecionando os que julgasse mais úteis para aumentar a fé dos que estavam sendo instruídos; mas quando Pedro morreu como um mártir, Marcos viajou para Alexandria, levando suas anotações e as de Pedro, das quais transcreveu para seu antigo livro as coisas agradáveis a quanto contribui com o progresso para o conhecimento [*gnosis*]. [Assim] ele

compôs um evangelho mais espiritual para o uso daqueles que estavam-se perfazendo [que estavam se tornando *teleios*]. Não obstante, ele ainda não divulgou as coisas que se não devem pronunciar, tampouco escreveu a doutrina hierofântica do Senhor, mas às histórias já escritas acrescentou outras e, além disso, inseriu certos ditos cuja interpretação — isso o sabia como um mistagogo — levaria os ouvintes ao santuário mais secreto daquela verdade oculta pelos sete [véus]. Assim, em suma, ele ordenou previamente os assuntos, nem com relutância nem de modo incauto, em minha opinião, e, ao morrer, deixou sua composição para a igreja em Alexandria, onde ela até hoje é guardada com cuidado, sendo lida apenas aos que estão se iniciando nos grandes mistérios.

Porém, de vez que os demônios imundos sempre estão planejando a destruição para a raça dos homens, Carpócrates, instruído por eles e usando de ardis enganosos, de tal modo escravizou certo presbítero da igreja em Alexandria, que conseguiu para si uma cópia do evangelho secreto, que interpretou de acordo com sua doutrina blasfema e carnal e, além disso, poluída, misturando com as palavras imaculadas e santas, mentiras de todo vergonhosas. Dessa mistura resultou a doutrina dos carpocratianos.

Para eles, portanto, como disse antes, não se deve ceder, tampouco, quando eles expressam suas falsidades, deve-se conceder que o evangelho secreto seja de Marcos, mas se deve negá-lo sob juramento. Pois "Nem todas as [coisas] verdadeiras devem ser ditas a todos os homens". Por essa [razão] a Sabedoria de Deus, através de Salomão, aconselha, "Responde ao insensato com a insensatez que lhe é própria", ensinando que a luz da verdade deveria ser oculta dos de mente cega. Uma vez mais ele diz, "De quem não tem será tirado", e "Que o tolo transite na treva"; mas somos "filhos da luz", tendo sido iluminados pela "aurora" do Espírito do Senhor "da altura", e, "Onde está o Espírito do Senhor", diz ele, "há liberdade", pois que "Todas as coisas são puras aos puros".[129]

---

129. Ibid., pp. 14ss.

Clemente continua a descrever certas coisas que se acham no evangelho secreto de Marcos e que não estão em nosso evangelho canônico, mas isso nos faria desviar muito do caminho. A carta, no entanto, afirma que havia uma doutrina secreta que Clemente particularmente identificava com os mistérios maiores dos eleusinos.

A carta também suscita outra pergunta: quem era o Carpócrates a quem se refere? Quem eram os carpocratianos, e quais eram as suas "doutrinas indizíveis"? Algumas passagens de Ireneu descrevem Carpócrates:

> Carpócrates... e seus seguidores afirmam que o mundo e as coisas que nele estão foram criados por anjos por demais inferiores ao Pai não-gerado. Também afirmam que Jesus foi o filho de José, e que foi exatamente como os outros homens... [mas] ele lembra-se perfeitamente de quanto testemunhara na esfera do Deus não-gerado. Com base nisso, um poder baixou sobre ele vindo do Pai, a fim de que por seu intermédio ele escapasse aos criadores do mundo [estes seriam os Arcontes]... Depois de atravessá-los a todos, e de continuar livre em todos os aspectos, [ele] ascendeu de novo ao [Pai]... Posteriormente eles declaram que a alma de Jesus, embora educada nas práticas dos judeus, votava-lhes desprezo e que por essa razão ele fora dotado de faculdades, por meio de que aniquilou as paixões que habitavam os homens como um castigo [pelos seus pecados].

> A alma, portanto, que é como a de Cristo pode desprezar os governantes que não foram os criadores do mundo e, de modo semelhante, recebe poder para levar a efeito as mesmas coisas. Essa idéia os levou a tal zênite de orgulho, que alguns deles declaram-se semelhantes a Jesus... [Eles consideram que] sua alma, descendo da mesma esfera da dele, e, portanto, desprezando de igual modo os criadores do mundo, supostamente seja digna do mesmo poder, e de novo partem para o mesmo lugar...

> Tão desenfreada é sua loucura, que eles declaram que têm em seu poder todas as coisas não-religiosas e ímpias, e que se sentem livres para as praticar; pois que afirmam que as coisas são boas ou más,

simplesmente em virtude da opinião humana. Julgam necessário, portanto, que por meio da transmigração de corpo a corpo, as almas tenham a experiência de todo tipo de vida bem como de cada tipo de ação... fazer tudo o que não ousamos falar nem ouvir, não, tudo o que não devemos sequer conceber em pensamento... [Eles afirmam que] ninguém pode escapar ao poder desses anjos que fizeram o mundo, mas que esse alguém deve passar de corpo a corpo, até que tenha a experiência de todo tipo de ação que pode ser praticada neste mundo e que, quando nada mais lhes faltar, sua alma liberta haverá de pairar ascendendo àquele Deus que está acima dos anjos, os criadores do mundo. Dessa forma também todas as almas são salvas, quer a sua própria que, acautelada contra toda delonga, participa de toda sorte de ações durante uma encarnação; ou aquelas que, uma vez mais, passando de corpo a corpo, libertam-se com realizar e concluir o que é um requisito em cada forma de vida a que são lançados, de modo que, por fim, não sejam mais [encerrados] no corpo.[130]

A idéia é a de que, a fim de passar por toda experiência humana possível, a pessoa passa por uma série de reencarnações para perfazer todo o circuito, ou então a pessoa pode perfazê-lo de uma vez só numa única vida. Jung comenta:

Não há bem que não encontre a oposição do mal. "Ninguém pode ser redimido do pecado que não cometeu", diz Carpócrates; uma frase profunda aos que desejam entender, uma oportunidade ímpar a quantos preferem tirar conclusões falsas. O que está embaixo não é só uma desculpa para mais prazer, mas algo que tememos porque exige tomar parte na vida do homem mais consciente e completo.[131]

---

130. "Against Heresies," XXV, 1-4, in Roberts e Donaldson, *Anti-Nicene Fathers*, vol. 1, pp. 350s.

131. "Woman in Europe", *Civilization in Transition*, CW 10, par. 271.

Jung faz um comentário mais extenso nas Terry Lectures, durante uma análise da integração da sombra, o primitivo inferior sendo o que está carregado de desejos e emoções. À humanidade custou grande esforço separar-se da sombra, e agora a humanidade tem a tarefa de ligar-se de novo num nível consciente.

Esse é um problema muito sério para todos os que estão nessa situação difícil ou têm de ajudar pessoas doentes a voltar à vida normal. A mera supressão da sombra constitui remédio tão ineficaz quanto a degola o seria para a dor de cabeça. Tampouco ajuda destruir a moralidade do homem, porque isso lhe mataria o melhor *self*, sem o qual nem mesmo a sombra faz sentido. A reconciliação desses opostos é um problema capital, e até na Antigüidade ele perturbou algumas cabeças. Assim, temos conhecimento de uma personalidade lendária sob outros aspectos e pertencente ao século II, Carpócrates, um filósofo neoplatônico cuja escola, de acordo com Ireneu, ensinava que o bem e o mal são apenas opiniões humanas e que a alma, antes de deixar o corpo, deve passar por toda uma gama de experiências humanas até o final, se não quiser voltar ao cárcere do corpo. É como se a alma só pudesse se resgatar da prisão no mundo somático do Demiurgo através da total satisfação de todas as exigências da vida. A existência corporal em que nos encontramos é um tipo de irmão hostil cujas condições devem ser conhecidas. Foi nesse sentido que os carpocratianos interpretaram Mateus 5:25s...: "Entra em acordo sem demora com o teu adversário, enquanto estás em caminho com ele; para que não suceda que te entregue ao juiz."

Jung diz posteriormente que esse passo de Mateus deveria ser reformulado como "Entra em acordo sem demora *contigo mesmo*..."; o adversário é interior, em vez de exterior. O texto prossegue:

"Se estás, portanto, para fazer a tua oferta diante do altar e te lembrares de que *tens alguma coisa contra ti* [em vez de contra teu irmão]... primeiro reconcilia-te *contigo mesmo*... reconcilia-te *contigo mesmo* sem demora, enquanto estás em caminho *contigo mesmo*; para que em tempo algum *não te entregues* ao juiz". Daí estamos a apenas um passo da frase não canônica: "Homem, se em verdade tens conhecimento do que fazes, és abençoado; mas, se ignoras, és amaldiçoado, transgrediste a lei."

Se as tendências reprimidas, a sombra, como as denomino, fossem obviamente más, não haveria problema de tipo algum; mas a sombra é apenas algo inferior, primitivo, não adaptado e tímido; não é algo inteiramente ruim. Até traz em si qualidades infantis ou primitivas que de alguma forma haveriam de vitalizar e embelezar a existência humana, não o impedissem as convenções; o público educado, flor de nossa civilização atual, separou-se de suas raízes, e está prestes a perder o vínculo com a terra. Não há país civilizado atualmente em que as camadas mais baixas da população não se achem em estado de intranqüilidade e desacordo. Em grande número de nações européias tais condições estão tomando conta também das camadas superiores. Esse estado de coisas demonstra nosso problema psicológico numa escala gigantesca. Na medida em que as coletividades são apenas acúmulos de indivíduos, os problemas deles são acúmulos de problemas individuais. Um grupo de pessoas se identifica com o homem superior e não pode descer, e o outro grupo se identifica com o homem inferior e quer subir ao topo.

Esses problemas... só podem ser resolvidos com uma mudança geral de atitude. E a mudança não começa com a propaganda nem com aglomerações de massa, tampouco com a violência. Começa com uma mudança no indivíduo... e só o acúmulo dessas mudanças individuais gerará a solução coletiva.[132]

O longo comentário de Jung sucedendo sua menção a Carpócrates enfatiza a importância psicológica do problema da sombra. A idéia fundamental de Carpócrates é que não se pode ser redimido de um

---

132. "Psychology and Religion," *Psychology and Religion*, CW 11, pars. 133ss.

pecado que não se cometeu. Isso é doutrina perigosa. Tomada literalmente, leva à criminalidade, mas, entendida psicologicamente, leva ao indivíduo. Ninguém se pode redimir de um conflito de que não se está consciente, nem da vontade da sombra, enquanto ela não for integrada. Isso requer reconhecer conscientemente e aceitar a realidade fatual da sombra em todos os aspectos, sem deixá-la de fora na identificação inconsciente. Visto dessa maneira, o circuito carpocratiano de toda condição humana pode ser visto como uma imagem da *perigrinatio* que Jung analisa em *Mysterium Coniunctionis*, como um traço do processo de individuação. É necessário perfazer todo o círculo de todo o ser a fim de constelar a completude. Evidentemente, ao visitar cada estação intermediária da condição humana, a pessoa se entregará à identificação parcial com algumas delas, algumas sombrias. Não é possível perfazer o círculo sem ser apanhado repetidas vezes. A criminalidade em grau amplo, que amiúde tem uma dimensão heróica para ele, pode ser vista como uma perversão do processo de individuação.

Essas questões são reminiscência de uma declaração de John Foster Dulles, Secretário de Estado de Eisenhower, que estava lidando com alguns dos aspectos nefandos do Comunismo Soviético nos anos 50. Ele fez publicamente a observação de que não tinha nenhuma imaginação quanto ao mal. Jung repreendeu-o com afirmar que as pessoas públicas são muito perigosas quando não têm imaginação quanto ao mal. A inconsciência da sombra é perigosa. O que Carpócrates salientava, compreendido em termos de psicologia, é a necessidade de uma imaginação fértil em termos do mal. Se uma pessoa não pode ser redimida do pecado que ela não cometeu, ela deve cometer cada pecado disponível a fim de ter a total experiência da redenção. Psicologicamente, isso leva a uma imaginação fértil quanto ao mal, mergulhando a natureza da sombra em sua totalidade.

# 8

# Orígenes

Orígenes foi o sucessor de Clemente. Ele viveu de cerca de 185 a 254 e substituiu Clemente como o diretor da escola catequética em Alexandria. Ele e Clemente foram os maiores platônicos cristãos. Orígenes era egípcio, copta, nascido em Alexandria. Era filho de pais cristãos embora tivesse nome egípcio. Seu nome era uma homenagem à divindade Orígenes, que significa o filho de Hor, deus da luz.

Quando jovem, foi brilhante e precoce. Aos dezessete anos, seu pai foi martirizado na arena durante a perseguição de Sétimo Severo. Ele quis juntar-se ao pai no martírio, e conta-se que só foi impedido de fazê-lo porque sua mãe escondeu-lhe as roupas. Ele recebera uma excelente educação tanto nas escrituras hebraicas quanto na cultura pagã, e combinou seu brilho intelectual com uma natureza assaz apaixonada. De modo quase inacreditável, foi tornado o mestre da escola catequética quando só contava dezessete anos, na época em que Clemente fugiu para escapar à perseguição.

Alguns anos depois de assumir a diretoria da escola catequética, ele castrou-se. Conta-se que tal ato tenha sido cometido em função de suas reflexões sobre a passagem extraída de Mateus, que diz,

> Nem todos são capazes de compreender o sentido dessa palavra, mas somente aqueles a quem foi dado. Porque há eunucos que o são desde o ventre de suas mães; e há eunucos tornados tais pelas mãos dos homens, e há eunucos que a si mesmos se fizeram eunucos por amor do reino dos céus. Quem puder compreender, compreenda. [19:11s., Bíblia do Rei Jaime.]

Seu brilhantismo no ensino e seu conhecimento enciclopédico acarretaram muitos convites para que viajasse. Convidado pelo bispo de Cesaréia, ele passou um bom tempo ensinando na Palestina. Foi um mestre e não um pregador. Por outras palavras, fez parte da laicidade; contudo, posteriormente, sua competência foi tal, que viu-se pressionado a tornar-se padre, acabando por ser ordenado pelo bispo em Cesaréia em 228. Isso ofendeu seu bispo alexandrino e levou a um conflito considerável, além de uma longa disputa sobre a questão. Ele pôs-se a escrever resolutamente quando tinha cerca de 38 anos e continuou sem parar. Dispunha da boa sorte de um protetor abastado, Ambrósio, que tinha tanto interesse em ter os escritos de Orígenes registrados, que pagou sete secretários a quem Orígenes pudesse ditar. Uma grande quantidade de material foi produzida dessa forma. Evidentemente, o bispo de Alexandria tinha ciúme de Orígenes. Tornou-lhe a vida tão difícil, que Orígenes, ao fim e ao cabo, mudou-se permanentemente para Cesaréia, onde se achava ao largo da jurisdição do bispo e tinha condições de trabalhar sem ser interrompido pelo conflito. Uma de suas cartas nos dá certa idéia de como ele trabalhava:

> O trabalho de correção não nos deixa tempo para o almoço nem... para exercícios ou repouso. Mesmo nesses momentos, somos impelidos a debater questões de interpretação e a emendar manuscritos. Mesmo a noite não pode ser entregue inteiramente ao refrigério necessário do sono, pois que nossas discussões se estendem até o anoitecer. Não digo nada sobre o trabalho matinal que se prolonga do nascer do dia até nove ou dez horas. Porque todos os que estudam

com diligência dedicam esse tempo ao exame das Escrituras e da leitura.[133]

Bigg comenta sobre isso:

O volume de escrita assim produzida era enorme; mas é evidente que nenhum homem pode levar a efeito o melhor trabalho de que é capaz nessas condições, assediado pelas demandas dos alunos, se afadigando com angústia febril a fim de dominar as montanhas cada vez maiores de fatos minuciosos, e em intervalos que mal se chega a conseguir e que transbordam uma torrente impetuosa de pensamento extemporâneo, ditado a estenógrafos de dedos lestos. A maravilha não é Orígenes ter composto tanto, mas ter composto tão bem.

E a esses trabalhos profissionais deve-se acrescentar uma influência pessoal de longo alcance, com todas as suas responsabilidades... Orígenes era essencialmente um homem do tipo estudioso, mas ele se valia desse encanto poderoso que se liga a altas qualidades intelectuais quando combinadas a uma natureza ardente e carismática. Seu aluno Gregório Taumaturgo fala de sua "graça e persuasão delicadas, combinadas a certa força de contenção", e usa para ele aquela palavra grega forte por meio da qual Platão descreve o amor da alma por seu ideal. Tal encanto é um poder prático, e opera com mais liberdade e pungência numa estação particular da vida. Esse dom fez de Orígenes o representante, árbitro e pacificador não-oficial da Igreja Oriental. Um governador provincial consulta-o acerca de questões da alma, o Imperador Filipe, cristão ou meio cristão, se corresponde com ele, a Imperatriz Madre Mammaea convoca-o para Antioquia e fornece-lhe uma guarda de honra. As igrejas de Acaia e da Arábia fazem dele seu árbitro, e a paz se segue à sua sentença. Na fornalha da aflição ele se desenvolveu para ser uma da-

---

133. Bigg, *Christian Platonists of Alexandria*, p. 120.

quelas naturezas dotadas de magnetismo que põe à prova a capacidade de amar e a veneração em cada um que penetra sua esfera.[134]

Orígenes foi enterrado em Tiro, sucumbindo aos efeitos da tortura durante a prisão na época da perseguição de Décio.

Está bem claro que ele era um homem de grande encanto e poder nos relacionamentos, o que era uma parte da atração forte que exercia sobre os alunos. Fundamentalmente, Orígenes era um homem-eros; essa era a força de sua atração e sociabilidade, e ela está provavelmente no fundo do que acabou levando à sua autocastração. Como a figura à frente da escola catequética, ele ensinava os jovens catecúmenos, tanto alunos como alunas. É provável que, em virtude de sua natureza ardente, ele tivesse medo do apego erótico quanto às jovens que estava ensinando. Jung tem isso a dizer sobre Orígenes:

> Orígenes é um exemplo clássico do tipo extrovertido. Sua orientação básica era para objeto; isso se mostrava em sua consideração escrupulosa quanto a fatos objetivos e suas condições, bem como na formulação desse princípio supremo: *amor et visio Dei* [o amor e a visão de Deus]. O processo cristão de desenvolvimento encontrou em Orígenes um tipo cujo fundamento máximo era a relação com o objeto — uma relação que sempre expressou-se simbolicamente na sexualidade e dá a razão do fato de que há certas teorias atualmente que reduzem todas as funções essenciais da psique à sexualidade também. A castração era, pois, uma expressão adequada do sacrifício da função mais valorosa... Orígenes foi levado ao *sacrificium phali*, porque o processo cristão requer uma completa abolição do vínculo sensual com o objeto; por outras palavras, requer o sacrifício da função mais valiosa até então, a posse mais cara, o instinto mais forte...

---

134. Ibid., pp. 120ss.

Orígenes, com mutilar-se a si mesmo, sacrificou seu vínculo sensual com o mundo. Para ele, evidentemente, o perigo específico não era o intelecto mas o sentimento e a sensação, que atavam-no ao objeto. Por meio da castração, ele libertou-se da sensualidade, que estava ligada ao gnosticismo; pôde então se entregar sem medo aos tesouros do pensamento gnóstico.[135]

O sacrifício de Orígenes pode ser visto igualmente de outra forma. Em muitos aspectos, ele foi uma figura única e exemplar do novo éon que ele estava trabalhando para inaugurar. Parece provável que sua vida fosse de tal magnitude, que chegou a assumir uma dimensão simbólica coletiva, de sorte que seu destino pessoal e o destino coletivo do novo éon imbricaram-se. Assim, ele tornou-se uma expressão simbólica da natureza psíquica do novo éon, que era dissociar espírito e instinto. Esse é o destino de todas as grandes personalidades históricas — que o destino pessoal sobrepõe-se ao destino coletivo.

Suas obras foram volumosas. Mesmo que depois viesse a ser considerado herege e que a maior parte de seus escritos tenha perecido, ainda conservamos boa parte deles. Seus *Primeiros Princípios* é a melhor obra disponível sobre a teologia cristã que a Antiguidade produziu. É concisa, organizada, abrangente e equilibrada, e é dessa obra que em grande parte derivamos nossa compreensão da teologia de Orígenes. O que se segue se ocupará de parte desse material que nos parece relevante psicologicamente. Sua contribuição total foi resumida por Harnack:

> Entre os teólogos da antiguidade eclesiástica, Orígenes foi o mais importante e influente ao lado de Santo Agostinho. Ele deu mostras [de ser] o pai da ciência eclesiástica... Proclamou a reconciliação da ciência [que, de fato, significa filosofia grega] com a fé cristã e a harmonia da cultura mais elevada com o Evangelho no seio

---

135. *Psychological Types*, CW 6, par. 24, 26.

da Igreja, contribuindo, dessa forma, mais do que qualquer outro para converter o mundo antigo à Cristandade.[136]

Nem nessa época de polêmicas Orígenes foi um polemista. Não dogmatizou; explicou. O tom de voz de Orígenes não é encontrado em nenhuma outra obra teológica dos primórdios. Ele apresenta a doutrina da Igreja, sua base, e então, à proporção que ele se estende com mais idéias que até o momento não haviam sido aprovadas pela Igreja, ele adota um tom de voz muito aberto, quase moderno, afirmando amiúde que está expressando suas opiniões e que outros pontos de vista são possíveis. Tinha ele aguda consciência, assim como Clemente, da grande lacuna entre os crentes humildes e ingênuos na congregação e os poucos que tinham outro nível de compreensão do que ele chamava "os mistérios de Cristo". Ele prestigiava ambos os níveis, tanto o esotérico e o exotérico, e não demonstra nenhum desprezo pelo ponto de vista ingênuo. Harnack comenta:

> Reconhecendo não só o vínculo relativo das crenças abraçadas pela grande massa de cristãos humildes... mas também o caráter indispensável de sua fé na forma de fundação da especulação, a exemplo de Clemente, Orígenes evitou o dilema de se tornar [ou] um gnóstico heterodoxo ou um tradicionalista eclesiástico. Teve condições de defender essa posição, porque em primeiro lugar sua gnose requeria uma literatura sagrada garantida, a qual ele só encontrava na Igreja, e porque em segundo lugar essa mesma gnose dilatara seus horizontes o bastante para que se percebesse que aquilo que a gnose herética considerara como contrastes eram aspectos diversos da mesma coisa. [Esse modo relativo de ver as coisas é característico de Orígenes.]... Na condição de tradicionalista ortodoxo e adversário convicto de toda heresia, Orígenes reconhecia que a Cristandade acolhe uma salvação oferecida a todos os homens e alcançada pela fé, que ela é a doutrina dos fatos históricos a que de-

---

136. *The History of Dogma*, vol. 2, pp. 332s.

vemos aderir, que o conteúdo da Cristandade foi sintetizado apropriadamente pela Igreja em sua regra de fé, e que a crença por si mesma é quanto basta para a renovação e salvação do homem; porém, como filósofo idealista, Orígenes transformou todo o conteúdo da fé eclesiástica em idéias.[137]

Embora a Cristandade simples deva ser honrada, não obstante isso ela continua a ser determinada pelo medo e esperança de recompensa, motivações mais ou menos humildes, e assim se baseia numa fé não-informada e irracional, e isso só leva ao que Orígenes chama "Cristandade somática".

É tarefa da teologia [de acordo com Orígenes, como escreve Harnack] decifrar "a Cristandade espiritual" a partir das Sagradas Escrituras, e elevar a fé ao conhecimento e à visão clara das coisas. Isso é levado a efeito pelo método da exegese, que afirma as revelações mais elevadas de Deus.[138]

Orígenes considerava as Sagradas Escrituras como a revelação da Divindade, e as submetia a uma exegese perfeita, muito semelhante à abordagem psicológica de um sonho. Este nós o consideramos uma revelação da psique, revelação que requer uma tradução para as categorias racionais do entendimento a fim de ser assimilada na consciência. Nosso objetivo não é uma teologia — nem *logos* de *theos*, mas uma psicologia — um *logos* da *psique*. A abordagem e o ponto de vista são muito semelhantes, contudo. Orígenes introduz seu método de exegese com as seguintes palavras:

Agora que falamos brevemente sobre a inspiração das escrituras divinas, impõe-se analisar o modo pelo qual devem elas ser lidas e entendidas, de vez que muitos erros foram feitos em conseqüência do

---

137. Ibid., pp. 335s.
138. Ibid., p. 347.

método pelo qual os documentos sagrados devem ser interpretados... Pois que os partidários insensíveis e ignorantes da circuncisão recusaram-se a acreditar em nosso Salvador porque acham que estão se atendo estritamente à linguagem das profecias que a ele se ligam, e percebem que ele não "proclamou a liberação aos cativos" literalmente, tampouco construiu o que consideram uma verdadeira "cidade de Deus", nem "separou os carros de Efraim e o cavalo de Jerusalém" nem mesmo "se alimentou de manteiga e mel, e escolheu o bem antes que conhecêssemos ou preferíssemos o mal".

Ademais, crêem que é o lobo, o animal quadrúpede, que conforme a profecia irá "comer com o cordeiro, e o leopardo deitar com o cabrito, e o bezerro, o touro e o leão pastarem juntos, guiados por uma criancinha, e o boi e o urso pastarem juntos, seus filhotes crescendo uns em companhia dos outros, e o leão comer da palha como o boi"; e, não vendo nenhum desses fatos ocorrer na verdade durante o advento dele, a quem acreditam é o Cristo, não aceitaram nosso Senhor Jesus, mas o crucificaram com base em que ele torpemente se chamara de Cristo.

Ora, a razão por que todos quantos mencionamos nutrem falsas opiniões e fazem declarações ímpias ou ignorantes sobre Deus não parece ser outra coisa senão isto: que a escritura não é entendida em seu sentido espiritual, mas é interpretada ao pé da palavra. Por isso, temos de explicar aos crentes que os livros sagrados não são obra de homens, mas que foram compostos e legados a nós como conseqüência da inspiração do Espírito Santo por intermédio da vontade do Pai do universo por meio de Jesus Cristo, o que são os métodos de interpretação que se nos afiguram corretos, a nós que nos atemos à regra da celestial Igreja de Jesus Cristo através da descendência dos Apóstolos.[139]

Orígenes então esboça três níveis da interpretação espiritual ou bíblica:

---

139. "Primeiros Princípios", IV, 2, in G. W. Butterworth, trad., *Origen on First Principles*, pp. 269ss.

Deve-se, pois, retratar o sentido dos escritos sagrados de modo triplo na alma da pessoa, de sorte que o homem humilde possa ser doutrinado pelo que podemos chamar de o aspecto exterior da escritura, sendo este o nome dado à interpretação óbvia; ao passo que o homem que fez algum progresso pode ser doutrinado por sua alma, para dizer assim; e o homem que é perfeito [*teleios* é a palavra usada], ... este homem pode ser doutrinado pela lei espiritual, que apresenta "uma sombra das coisas boas por vir". Pois assim como o homem consiste em corpo, alma e espírito, da mesma forma é a escritura, que foi preparada por Deus para ser dada com vistas à salvação do homem.[140]

Na "Homilia sobre os Números", ele expõe essa idéia de maneira elegante, valendo-se da imagem da noz:

Na escola de Cristo, a doutrina da Lei e dos Profetas é claramente dessa forma. Exteriormente, ela é amarga; prescreve a circuncisão da carne e os sacrifícios. Então, vem à luz a segunda forma de revestimento, que é a instrução moral na continência; essas coisas são necessárias, mas devem-se esvanecer algum dia. Por fim, encoberto e oculto sob toda a roupagem, encontrar-se-á o sentido dos mistérios da Sabedoria e do Conhecimento de Deus... que alimenta e revigora a alma dos santos.[141]

Esses três níveis de instrução e de interpretação das escrituras correspondem aproximadamente ao que é requerido nos estágios do desenvolvimento do ego no indivíduo. O aprendizado na infância requer a domesticação do poder infantil e dos impulsos para o prazer, o que envolve alguns limites inflexíveis e severos. O começo da maturidade requer a ênfase na responsabilidade moral; tal é o invólucro

---

140. Ibid., pp. 275s.
141. IX, 7. Citado em Jean Daniélou, *A History of Early Christian Doctrine*, vol. 2, p. 284.

intermediário da noz. Na segunda metade da vida, a iniciação na individuação passa por um encontro consciente com o *Self*, e isso traz consigo um conhecimento da dimensão transpessoal que corresponde ao que Orígenes chama "a sabedoria e o conhecimento de Deus".

Há também outras analogias. Essas três abordagens apresentam alguns paralelos nos diversos níveis da interpretação do sonho. Distinguimos, por exemplo, entre os níveis objetivo e subjetivo do sonho, e entre o redutivo e o sintético, além de, uma vez mais, entre o pessoal e o arquetípico. As analogias não são exatas, mas podemos dizer que o sentido literal da escritura corresponde aproximadamente a uma interpretação objetiva e ingênua dos sonhos, que supõe que o sentido da imagem do sonho está no objeto concreto. O nível moral da interpretação corresponderia a uma compreensão subjetiva, pessoal, do sonho, e o nível espiritual corresponderia à interpretação arquetípica dos sonhos.

O método de exegese de Orígenes pode ser mais bem observado com a leitura de seus comentários sobre a Bíblia, que são extensos, embora a maior parte do que ele escreveu tenha-se perdido.[142] São obras notáveis. Ele tinha um conhecimento enciclopédico da escritura, um domínio das idéias filosóficas e capacidades surpreendentes de criar relações intuitivas. Tudo isso converge para fazer dos comentários bíblicos de sua autoria os mais sofisticados dentre os comentários de todos os Padres da Igreja. Esses comentários são, de fato, estudos de ampliação. Ele se ocupa de cada passagem da escritura em grande parte como se se tratasse de um sonho, e a amplia de acordo com seu contexto e por meio dos vínculos simbólicos de seu imaginário com outros passos na Bíblia. Bigg comenta:

> O projeto que estabeleceu para si mesmo nos Comentários devia dar primeiro o sentido literal, depois o moral e por fim o espiritual de cada versículo em sucessão regular. O texto não é senão a eira

---

142. Ver Roberts e Donaldson, *Ante-Nicene Fathers*, vol. 10.

em que ele despeja toda a safra de seu conhecimento, suas meditações, suas esperanças. Qualquer palavra pode suscitar uma série de pensamentos perpassando toda a Escritura e todo o tempo. Daí haver muita repetição e confusão. Até mesmo aqui o objeto não é tanto a instrução quanto o aprofundamento da vida cristã. Perdemos em clareza, mas jamais nos escapa o sentido iluminador do contato imediato com um grande personagem.[143]

Um exemplo de seu método é a explicação que ele dá de João 2: 18-22:

[Um grupo de judeus está falando a Cristo, e eles lhe dizem:] "Que sinal nos apresentas tu, para proceder desse modo?" Respondeu-lhes Jesus: "Destruí vós este templo, e eu o reerguerei em três dias." Os judeus replicaram: "Em 46 anos foi edificado este templo, e tu hás de levantá-lo em três dias?"; mas ele falava do templo do seu corpo. [Bíblia de Jerusalém.]

Orígenes se ocupa daquela única oração, "Ele falava do templo do seu corpo", e confere-lhe uma ampliação extensa. No primeiro nível, é claro, trata-se de uma referência à ressurreição corporal de Cristo, mas não apenas isso. Ele leva a frase ao nível seguinte e salienta que a igreja dos crentes é chamada de o corpo de Cristo, de forma que a referência também há de ser à Igreja:

O corpo é a Igreja, e com Pedro aprendemos que ela é a casa de Deus, erguida com pedras vivas, uma morada espiritual para o santo sacerdócio. Assim, o filho de Davi, que ergue essa casa, é um tipo de Cristo. Ele a constrói quando seus conflitos se esgotaram e quando adveio um período de profunda paz; constrói o templo para a glória de Deus na Jerusalém sobre a terra, de modo que oculto não possa mais ser celebrado numa instalação móvel como o taber-

---

143. *Christian Platonists of Alexandria*, p. 131.

náculo. Procuremos achar na Igreja a verdade de cada afirmação feita acerca do templo.

Orígenes então passa por todas as referências bíblicas que descrevem como foi construído o templo de Salomão e quais eram sua forma e estrutura, e ele aplica cada detalhe ao corpo de Cristo na forma da Igreja. Depois de trechos muito elaborados, com um número enorme de pormenores sobre o templo de Salomão, ele diz, por fim:

> Nesse templo, também há janelas, postas obliquamente e fora da visão, de modo que a iluminação da luz divina possa entrar para a salvação, e... que o corpo de Cristo, a Igreja, possa ser encontrado tendo o projeto da casa espiritual e do templo de Deus. Como antes afirmei, necessitamos dessa sabedoria que está oculta num mistério, e que só ele pode apreender, ele que é capaz de dizer, "Mas temos a mente de Cristo" — necessitamos dessa sabedoria para interpretar espiritualmente cada pormenor do que é dito de acordo com a vontade dAquele que fez com que se escrevesse. Entrar nesses pormenores não está em conformidade com nosso tema atual. O que se disse talvez seja suficiente para que entendamos como "ele falava do templo de Seu corpo".[144]

Esse é um pequeno exemplo de sua exegese e, se se fizerem traduções adequadas, grande parte do que ele tem a dizer sobre perceber o sentido espiritual da escritura se aplicará à percepção do sentido arquetípico dos sonhos. Certa relação pessoal com os níveis profundos da realidade simbólica é necessária a fim de perceber até mesmo o nível arquetípico num sonho. Sem essa relação, o sentido mais profundo permanece invisível.

O sistema teológico de Orígenes envolvia um projeto bem grande. Em linhas gerais, ele era este: o Deus supremo e original, o Uno,

---

144. "Commentary on John 23-25", in Roberts e Donaldson, *Ante-Nicene Fathers*, vol. 10, pp. 404ss.

desdobra-se num grande número de formas criadas, espirituais e materiais. Essas criaturas progressivamente perdem contato com sua origem e caem no pecado e no desespero. São resgatadas pelo conhecimento trazido por Cristo e, em conseqüência dessa redenção, posteriormente toda a criação passará por uma restauração a seu estado original, um *apocatastasis*, por meio de que se une novamente ao Uno, Deus, a fonte de seu ser.

A doutrina da criação da autoria de Orígenes apresenta algumas implicações psicológicas interessantes. Nos *Primeiros Princípios*, ele escreve:

> No começo, do modo como o consideramos, Deus criou por um ato de sua vontade um número tão grande de seres inteligentes quanto pudesse controlar. Pois temos de sustentar que até o poder de Deus é finito, e não devemos, sob pretexto de louvá-lo, perder de vista suas limitações. Pois que, se o poder divino fosse infinito, por força ele não teria condições de se entender a si mesmo, porquanto o infinito é incompreensível por sua própria natureza. Assim, Ele criou tantos quantos pudesse apreender, ter em sua mão e sujeitar a sua providência. Da mesma forma, preparou o quanto da matéria que Ele pudesse submeter à ordem.[145]

Se Deus é infinito, diz-nos Orígenes, ele não pode entender-se a si mesmo. Isso significa que a Divindade que é infinita precisa da relação com uma criatura finita para promover a compreensão de si mesma.

Em outra seção, sobre a grande variedade das coisas criadas, Orígenes fala:

> Esses seres, que sofreram perturbação e foram levados para longe daquele estado de bondade, e depois arremessados de um lado a outro pelos diversos movimentos e desejos de sua alma, trocaram a

---

145. II, 9, 1, in Butterworth, *Origen on First Principles*, p. 129.

bondade indivisa de sua natureza original por mentes que variam em qualidade de acordo com suas tendências. [Não obstante isso, todas essas criaturas]... se combinam para constituir a plenitude e a perfeição de um único mundo, a própria variedade das mentes tendendo a um fim, uma perfeição [*teleiosis*]. Pois há um poder que ata e une toda a diversidade do mundo e guia os vários movimentos para a realização de uma tarefa, para que uma obra tão imensa quanto o mundo não se dissolva com os conflitos das almas... Deus... assim ordenou todas as coisas para que cada espírito ou alma, ou tudo o mais com que se possa chamar as existências racionais, não seja impelido, pela força contrária a seu livre-arbítrio, a qualquer ato exceto aquele a que os movimentos de sua própria mente o levam. [O arbítrio é levado à existência pela criação da variedade das criaturas.]... Portanto, embora todo o mundo seja arranjado em parte e funções diversas, não devemos supor que sua condição é de discórdia e contradição de si mesmo; porém, como nosso "único corpo" se compõe de "muitos membros" e se conserva unido por uma única alma, assim deveríamos, suponho, aceitar a opinião de que o universo é por assim dizer um animal imenso, monstruoso, que se conserva unido pelo poder e pela razão de Deus como por uma alma.[146]

Tais comentários advêm diretamente de Platão. Orígenes então cita várias passagens da escritura que confirmam esse ponto de vista, tais como, "Não encho o céu e a terra, disse o Senhor?", e "O céu é meu trono e a terra, o escabelo de meus pés". Ele prossegue:

O mundo deverá ter uma conclusão semelhante a seu princípio. Ora, não resta dúvida de que seu fim deve ser procurado na grande diversidade e variedade, e esta, quando se descobrir que existe no fim deste mundo, irá por sua vez dar as causas e ocasiões da diversidade naquele outro mundo que virá após este; pois claramente o fim deste mundo é o começo do que está por vir.

---

146. Ibid., II, 1, pp. 77s.

Se o curso de nosso exame revelou que tal é o caso, parece seguir que, porquanto a diversidade do mundo não pode existir apartada dos corpos, deveremos analisar a questão da natureza corpórea.[147]

Nessas passagens, Orígenes apresenta a idéia de que, para que a diversidade se manifeste a partir da Divindade única, a matéria ou os corpos são necessários. Ele prossegue dizendo que a essa encarnação da Divindade espiritual na matéria se segue inevitável e essencialmente o pecado. A doutrina do pecado da autoria de Orígenes difere da doutrina ortodoxa, que atribui o pecado à desobediência de Adão; a doutrina de Orígenes é muito mais sutil. Harnack afirma que, segundo Orígenes, "O pecado está enraizado em toda a condição terrena dos homens; ele é a fraqueza e o erro do espírito separados de sua origem".[148] Mas a separação do espírito quanto à sua origem é necessária para que ocorra a criação. Esta requer que o espírito deixe sua origem e assuma uma existência corpórea. Isso significa que o ser humano não pode ser responsável por sua natureza pecaminosa (embora possa ser responsável por seus atos pecaminosos).

Esse ponto de vista é semelhante à declaração de Jung de que o sofrimento do homem não deriva de seus pecados, mas do fautor de suas imperfeições, o Deus paradoxal. De acordo com Orígenes, o preço que Deus deve pagar a fim de diversificar-se e a fim de criar o "arbítrio" (ou, diríamos, a consciência) no universo é a existência do mal ou pecado. Trata-se de uma introvisão sutil. Em termos psicológicos, isso significa que para que a imagem-de-Deus venha à compreensão consciente, ela deve encarnar-se em egos humanos individuais. Deve suportar uma cisão em opostos. Deve expor-se ao conflito entre esses opostos a fim de recuperar seu estado de completude num nível consciente.

---

147. Ibid., p. 78.
148. *The History of Dogma*, p. 365.

Por outras palavras, Deus realiza a criação a fim de diversificar-Se, diferençar-Se e gerar o arbítrio no universo, e não pode haver algo semelhante ao arbítrio enquanto só houver a unidade original. A consciência requer a diversidade e a separação dos opostos. A diversidade não pode existir separada dos corpos, como Orígenes o afirma. Isso significa que a matéria é necessária para a emergência da consciência na Divindade, e a matéria, entendida no simbolismo psicológico, diz respeito à condição do ego [*egohood*]. A encarnação é necessária para a emergência da consciência no universo e na Divindade, mas esse estado de diversidade enseja uma "queda". Trata-se de uma queda do estado original da totalidade, porque ela gera um distanciamento das criaturas, os seres criados, a partir da fonte de seu ser, e essa é a natureza essencial do pecado — um distanciamento e uma perda de vínculo entre a criatura e seu criador. Portanto, um processo de redenção se instaura, no qual todos os seres criados são aos poucos tornados conscientes de sua fonte e ligados de novo ao Uno.

Essa é a grande restituição de que Orígenes fala na forma de evento máximo, o qual é chamado de *apocatastasis*. Ele é mencionado diversas vezes no Novo Testamento, mais notadamente em Atos dos Apóstolos 3:19-21, em que Pedro diz:

> Arrependei-vos, portanto, e convertei-vos, para serem apagados os vossos pecados. Virão assim da parte do Senhor os tempos de refrigério, e ele enviará aquele que vos é destinado: Cristo Jesus. É necessário, porém, que o céu o receba até aos tempos da restauração universal, da qual falou Deus outrora pela boca dos seus santos profetas. [Bíblia do Rei Jaime.]

A palavra grega traduzida aqui como "restauração" é *apocatastasis*. Assim, os crentes eram instruídos a ser pacientes e a seguir todas as regras, esperando os tempos em que o céu receberia Jesus Cristo, esperando o *apocatastasis*.

Um outro traço do *apocatastasis* é que o mal também será redimido, até o próprio demônio. Orígenes diz:

Há uma ressurreição dos mortos, e há penitência, mas não eterna. Pois quando o corpo é punido a alma aos poucos se purifica, e assim é restaurada à sua ordem anterior. Pois todos os pervertidos, e isso vale também para os demônios, o castigo tem um fim, e ambos, pervertidos e demônios, serão restaurados à sua ordem anterior.[149]

Em outros lugares, ele faz especulações de que isso inclui o demônio. Esse era o item mais chocante em sua teologia, e era a garantia da excomunhão, se de nada mais. Jerônimo cita Orígenes ao dizer que "Depois de muitas eras e da única restauração de todas as coisas Gabriel se achará no mesmo estado do demônio, Paulo no de Caifás e as virgens no das prostitutas".[150]

Em Orígenes, essa seqüência (da criação à diversidade, deste ao pecado e deste à redenção) corresponde ao que sabemos acerca do desenvolvimento do ego. Este é a entidade que emergiu do impulso criador do inconsciente. Com o desenvolvimento inicial do ego, ele passa por um grande processo de diferenciação a partir de seu conteúdo original no *Self*. Depois de um processo de discriminação bem-sucedido, ele redescobre sua fonte num nível consciente, e então tem a oportunidade de integrar suas diversidades anteriormente conflituosas e em oposição num novo nível de totalidade. *Apocatastasis* é um fenômeno do processo de individuação, e poderia muito bem ser que o mesmo processo seqüencial esteja ocorrendo na evolução histórica da raça humana. Orígenes postula mais ou menos essa idéia.

Há muito mais na teologia de Orígenes que é relevante do ponto de vista psicológico. Um tópico versa sobre a natureza do Espírito Santo. Ele escreve:

Sou da opinião, pois, de que a atividade do Pai e do Filho [as duas pessoas da Trindade] deve ser observada tanto nos santos como nos pecadores, em homens racionais e em animais emudecidos, sim, e

---

149. "Primeiros Princípios", II, 10, in Butterworth, *Origen on First Principles*, p. 146.
150. "Primeiros Princípios", I, 6, ibid., p. 57, nota.

até nas coisas inanimadas e em tudo o que existe; mas a atividade do Espírito Santo não se estende às coisas inanimadas, tampouco às coisas que têm vida mas que ainda se acham emudecidas, nem sequer deve ser encontrada nos que, embora racionais, ainda se acham na iniqüidade... Só naqueles que já estão se voltando a coisas melhores e trilhando a via de Jesus Cristo, ou seja, os que estão envolvidos com boas ações e que habitam em Deus, é que se deve encontrar a obra do Espírito Santo, suponho...[151] Portanto, a atividade do poder de Deus o Pai e Deus o Filho se difunde indiscriminadamente por todos os seres criados, porém um quinhão do Espírito Santo é possuído... só pelos santos... Aquele que pecou contra o Filho do Homem é digno de perdão, porque aquele que partilha da palavra ou da razão parece, se deixa de viver conforme com a razão, ter caído na ignorância ou na loucura e, assim, merece perdão; ao passo que aquele que um dia foi tido por digno de partilhar do Espírito Santo e que, então, regride uma vez mais é considerado, em virtude desse mesmo ato, alguém que blasfemou na verdade contra o Espírito Santo.[152]

É uma idéia interessante que só os bons possam estar em contato com o Espírito Santo. Na terminologia psicológica, isso significaria que a energia dinâmica do *Self*, como podemos traduzir "Espírito Santo", só trabalha para o bem nas pessoas individuadas. Por outras palavras, a energia do *Self* trabalha para o bem só quando é acompanhada de consciência o bastante. Jung disse isso explicitamente numa carta de 1956:

Deus pode ser chamado de bom apenas na medida em que Ele é capaz de manifestar Sua bondade nos indivíduos [os indivíduos em número relativamente reduzido, capazes de consciência o bastante para tomar decisões éticas]. Sua qualidade moral depende dos indi-

---

151. "Primeiros Princípios", I, 3; ibid., p. 34.
152. Ibid., pp. 36s.

víduos. Eis por que Ele encarna. A individuação e a existência individual são indispensáveis para a transformação de Deus o Criador.[153]

A doutrina de Márcion cindiu a imagem de Deus em dois Deuses irreconciliáveis, o Deus justo e o Deus amoroso. Orígenes encontrou uma fórmula que reconciliou esse conflito. Ele disse, "Deus recompensa na justiça e pune na gentileza".[154] Essa é uma terceira posição autêntica, com a qualidade paradoxal típica do símbolo de reconciliação: Deus recompensa de maneira justa, e pune de maneira gentil.

---

153. *Letters*, vol. 2, p. 314.
154. Harnack, *The History of Dogma*, p. 351.

# 9

# Tertuliano

Tertuliano é o primeiro autor latino a ser estudado aqui, e ele é, de fato, considerado o pai da Cristandade latina. Ele viveu de cerca de 160 a 230. Nasceu em Cartago, na África do Norte, filho de um centurião romano. Seus pais eram pagãos. Ele próprio disse que em sua juventude foi um "pecador da pior espécie, e nasceu só para o arrependimento".[155] Recebeu uma boa educação em filosofia antiga, literatura e história e talvez tenha-se exercitado um pouco nas leis. Poder-se-ia dizer que ele tinha a psicologia de um advogado de acusação brilhante e apaixonado. Ele se casou e provavelmente teve um ou mais filhos. W. H. C. Frend escreve:

> Tertuliano foi um dos rebeldes natos da história, um homem em revolta sucessivamente contra a vida confusa do exército, que fazia parte das atividades do seu pai; contra a gratuidade da cultura provincial romana; por fim, na condição de cristão, contra a frouxidão e complacência da Igreja... além disso, até mesmo contra a seita e vida dos montanistas.

---

155. "On Repentance", 12, in Roberts e Donaldson, *Ante-Nicene Fathers*, vol. 2, p. 666.

Foi um homem apaixonado pela verdade, que ele identificava à Cristandade puritana e voltado ao mártir. Atualmente, ele teria sido um jornalista político com um artigo semanal de quatro mil palavras, com o assunto do dia, e profundamente sensível aos erros e injustiças. Foi um polemista nato, com um esplêndido domínio da linguagem... Há certa veia excepcional de sarcasmo em seu estilo... Porém, todo o tempo seu senso de humor, exagero e malícia estavam voltados a um fim, a defesa da Cristandade contra o mundo greco-romano na preparação para o milênio dos santos.[156]

Tertuliano foi um filho legítimo de seu pai, soldado romano. Tinha ele um temperamento de guerreiro e foi um guerreiro para a Igreja justamente numa época em que a Igreja mais precisava disso, quando ela sofria séria perseguição. Em tempos de mais tolerância, Tertuliano não foi tão popular. Uma famosa passagem do *The Decline and Fall of the Roman Empire* de Gibbon mostra como era o pensamento do Iluminismo acerca de Tertuliano. Escrevendo sobre os cristãos daquela época e sobre suas crenças, Gibbon diz:

A condenação dos mais sábios e virtuosos pagãos, em razão de sua ignorância ou descrença na verdade divina, parece ofender a razão e o humanitarismo de nossa época. Mas a Igreja primitiva, cuja fé era de consistência muito mais firme, entregava sem hesitar à tortura eterna uma parte muitíssimo maior da espécie humana. Talvez pudesse fazer uma exceção caridosa em favor de Sócrates ou de alguns outros sábios da Antigüidade... Mas se garantia a uma só voz que aqueles que, desde o nascimento ou a morte de Cristo, persistiam obstinadamente na adoração dos demônios, não mereciam nem podiam esperar perdão da irada justiça da Divindade.

Esses sentimentos ásperos, que o mundo antigo desconhecera, parecem ter infundido certo espírito de amargura num sistema de amor e harmonia. Os laços de sangue e de amizade eram amiúde

---

156. *The Early Church*, p. 80.

rompidos pela diferença de fé religiosa, e os cristãos, que se viam oprimidos neste mundo pelo poderio dos pagãos, não raro tomados de ressentimento e orgulho espiritual, apraziam-se na perspectiva de seu futuro triunfo. "Tu que gostas de espetáculos", exclama o grave Tertuliano, "espera o maior de todos os espetáculos, o juízo eterno e final do universo. Como não me irei admirar e rir e me rejubilar e exultar ao ver tantos monarcas soberbos e tantos deuses falsos gemendo no mais fundo abismo das trevas; tantos magistrados que perseguiram o nome do Senhor, derretendo-se em fogos mais ardentes do que aqueles que atearam contra os cristãos; tantos doutos filósofos enrubescendo em chamas candentes com seus discípulos logrados; tantos poetas afamados tremendo diante do tribunal não de Minos mas de Cristo; tantos trágicos, mais melodiosos na expressão de seus próprios sofrimentos; tantos bailarinos..." Mas a benevolência do leitor me permitirá lançar um véu sobre o restante dessa descrição infernal, que o africano fervoroso leva adiante com uma longa enfiada de agudezas amaneiradas e insensíveis.[157]

Pertenciam ao mesmo gênero, Gibbon e Tertuliano. Jung diz isto sobre Tertuliano:

Era pagão, entregue à vida lasciva de sua cidade até cerca dos 35 anos de idade, quando se converteu ao cristianismo... Sobretudo, apresentam-se-nos com grande clareza [em seus escritos] todo o seu nobre fervor, verdadeiramente ímpar, seu fogo, seu temperamento apaixonado e o profundo intimismo de sua concepção religiosa. Esta é fanática e genialmente parcial por uma verdade reconhecida, é impaciente e servida por uma natureza incomparavelmente combativa, paladino sem compaixão que ele foi e que só admitia uma vitória com um aniquilamento total do adversário... Foi o criador do latim eclesiástico, vigente por mais de mil anos... A paixão do

---

157. *Decline and Fall*, vol. 1, pp. 365s. Aqui, Gibbon se refere ao "De Spectaculis" de Tertuliano, XXX (citado em Roberts e Donaldson, *Ante-Nicene Fathers*, vol. 2, p. 91).

seu pensamento era tão inexorável, que se afastava sempre, cada vez mais, daquilo por que dera, precisamente, o sangue do seu coração. Assim, a sua ética era rudemente severa. Procurava o martírio em vez de furtar-se a ele, não permitia segundas núpcias e pedia que as mulheres levassem véu. Combateu, com desprezo fanático, a gnose, que era precisamente uma paixão de pensar e conhecer, e com ela a filosofia e a ciência.[158]

Se Tertuliano não passasse de um defensor fanático da igreja, ele não seria tão interessante do ponto de vista psicológico, mas ele o é porque passou por um desenvolvimento. Os estudiosos amiúde não falam nesses termos, mas está claro que em algum aspecto ele teve crise interior considerável e passou por uma verdadeira mudança. Como Jung nos esclarece, numa situação paralela à de Orígenes, que sacrificou sua função predominante do eros, Tertuliano sacrificou seu intelecto poderoso e racional por meio do que chamou *sacrificium intellectus*. Ele é um exemplo para os racionalistas modernos, indicando de que modo o desenvolvimento psíquico prossegue quando a razão chegou a um beco sem saída. Com relação a isso, Jung se refere à famosa observação de Tertuliano:

> A ele se atribui a grandiosa confissão: "*Credo quia absurdum est*" (creio porque é absurdo). Ao que parece, essa atribuição não é de todo exata, historicamente, e ele só teria dito: "E o Filho de Deus está morto, o que é inteiramente crível, pois é um contra-senso. E da sepultura ressuscitou; isto está certo porque é impossível."
> Graças à agudeza de seu espírito, ele penetrou no que havia de lamentável no saber filosófico e gnóstico, rechaçando-o com desprezo. Recorre, no entanto, ao testemunho do seu próprio mundo íntimo, aos fatos da sua intimidade que se identificavam com sua fé... A realidade íntima e irracional para ele apresentava uma natureza essencialmente dinâmica; tratava-se de seu princípio, seu fundamento em face do mundo e de toda ciência e filosofia coletivamente válidas e racionais...

---

158. *Psychological Types*, CW 6, par. 17.

A automutilação que, para Tertuliano, acaba no *sacrificium intellectus*, o leva ao reconhecimento incondicional da realidade íntima irracional... Cristalizou [isso] na fórmula incomparável *anima naturaliter christiana* (a alma é cristã por natureza)...
Tertuliano é um exemplo clássico do pensamento introvertido. Seu intelecto notável, desenvolvido com extrema penetração, está flanqueado de inegável sensualidade. O processo evolutivo psicológico que designamos como cristão o levou ao sacrifício, à amputação do órgão de maior valor... O *sacrificium intellectus* cortou-lhe o caminho de uma evolução de caráter puramente intelectual e, ao torná-la impossível, obrigou-o a reconhecer o dinamismo irracional do seu fundo psíquico como seu fundamento essencial.[159]

Está claro para o psicólogo que Tertuliano chegou a uma compreensão da realidade da psique. O advogado severo, polêmico e intelectual que vemos em grande parte de seus escritos se acha submetido e está em grande parte invisível em suas obras que lidam com a alma. Ele sacrificou seu intelecto dominador e, por isso, estabeleceu contato com a realidade irracional da psique, e seu ponto de vista sobre essa realidade é descrito de modo muito sucinto em seu ensaio "O Testemunho da Alma". Há também uma obra maior, *Tratado sobre a Alma*,[160] que elabora mais plenamente seu ponto de vista. Esses escritos mostram que ele foi de fato um pioneiro dos modernos fenomenólogos da psique. Tertuliano reuniu grande parte de seu testemunho da alma por meio do método empírico. Observava o que faziam os indivíduos quando reagiam espontaneamente e não de um modo conscientemente planejado. Ele estudou particularmente as reações súbitas dos indivíduos a acontecimentos imprevistos. A isso chamou testemunho da alma: o que hoje chamaríamos de expressões espontâneas do inconsciente que afloram em épocas de grande emoção ou tensão. Ele observou, por exemplo, que o medo ou a alegria

---

159. Ibid., pars. 17ss.
160. Roberts e Donaldson, *Ante-Nicene Fathers*, vol. 3, pp. 181ss.

súbita faz que as pessoas se refiram involuntariamente a Deus ou a alguma mediação divina, quer tenham ou não quaisquer crenças religiosas em nível consciente. Esse é o testemunho da alma, e damos testemunho de Deus até quando imprecamos.

Alguns anos atrás, houve um grave acidente de metrô em Nova York, e algumas das novas organizações transmitiram *tapes* dos sobreviventes deixando um dos carros que não sofreram danos. À proporção que saíam, as pessoas tiveram a oportunidade de testemunhar a carnificina terrível nos carros envolvidos no acidente e uma por uma, em face da terrível visão, exclamava "Ó meu Deus, ó meu Deus!"; esse é um exemplo daquilo sobre que Tertuliano falava. Embora alguns pudessem ser ateus, o testemunho espontâneo da alma irrompia quando algo pavoroso era visto.

Em seu tratado intitulado "A Apologia", ele faz sua declaração mais famosa:

> Essa é a máxima culpa dos homens, qual seja a de que não reconheçam o Uno, a quem provavelmente não podem ignorar. Terias a prova vinda das obras de Suas mãos, tão numerosas e magníficas, mãos que te abarcam e sustêm, que concorrem duma vez só para tua fruição, e te abatem com o assombro, ou de preferência a terias com o testemunho da própria alma? Embora sob o jugo opressor do corpo, embora desviada por costumes depravados, embora enervada pela luxúria e paixão, e embora serva de falsos deuses, toda vez que a alma volta a si, como de um mal-estar, de um sono ou duma doença, e recobra parte de sua saúde natural, ela fala de Deus; sem que use outra palavra, pois que esse é o nome peculiar do verdadeiro Deus. "Deus é grande e bom" — "Seja o que Deus quiser", são palavras na boca de qualquer um. Dá testemunho também de que Deus é o juiz, a exclamação "Aos olhos de Deus" e "Entrego a Deus" e "Deus me recompensará". Ó nobre testemunho da alma, cristã por natureza![161]

---

161. Ibid., pp. 31s.

Essa é a frase famosa: "A alma, cristã por natureza", que é um tipo de modo localizado e específico de dizer que a alma é por natureza mitológica e que ela apresenta base arquetípica. O corpo cristão do simbolismo é apenas uma versão dessa base arquetípica. Em "O Testemunho da Alma", Tertuliano desenvolve mais essa idéia:

> Conclamo um novo testemunho, sim, um testemunho que é mais conhecido do que toda a literatura, mais discutido do que toda doutrina, mais público do que toda divulgação, maior do que todo o homem... Apresenta-te, ó alma, quer sejas uma substância divina e eterna, como muitos filósofos têm — e se assim for, serás quem tem menos probabilidade de mentir — quer sejas o próprio oposto do divino, pois que na verdade uma coisa mortal, como só Epicuro acredita — caso em que haverá menos tentação para ti quanto a falar com falsidade nessa situação: quer sejas recebida do céu ou oriunda da terra; quer sejas formada de números ou de átomos; quer tua existência comece com a do corpo, ou sejas posta nele num estágio mais tardio; de qualquer fonte e de toda forma fazes do homem um ser racional, capaz, no mais alto grau, do pensamento e do conhecimento — apresenta-te e dá o teu testemunho.[162]

Ele então dá diversos exemplos de expressões espontâneas da alma, e depois faz uma síntese numa passagem que Jung cita no começo de "Resposta a Jó":

> Esses testemunhos da alma são tão simples quanto verdadeiros, tão corriqueiros quanto simples, tão universais quanto corriqueiros, tão naturais quanto universais, tão divinos quanto naturais. Não creio que possam parecer frívolos nem frágeis a qualquer um, se se refletir sobre a majestade da natureza, da qual a alma deriva a sua autoridade. Se reconheceres a autoridade da mestra, tu a possuirás tam-

---

162. Ibid., p. 175.

bém no discípulo. Ora, aqui a natureza é a mestra, e seu discípulo é a alma; mas tudo o que um ensinou ou o outro aprendeu proveio de Deus — o Mestre do mestre. E o que a alma pode aprender com os ensinamentos de seu instrutor principal podes avaliar a partir daquilo que está dentro de ti. Pensa naquilo que te faculta pensar; reflete sobre aquilo que em presságios é o profeta, o áugure em agouros, o vidente de acontecimentos por vir. Espanta se, sendo uma dádiva de Deus ao homem, ela sabe adivinhar? É assaz estranho se ela conhece o Deus por meio de quem foi concedida?[163]

Essa passagem em particular, que versa sobre uma abordagem empírica da expressão espontânea da psique, tem certo sabor gnóstico e, na verdade, um gnóstico fez uma declaração bem semelhante, cerca de uma geração antes de Tertuliano. Esse gnóstico foi Monöimos. Em *Aion*, Jung cita essa passagem particularmente, escrita por Monöimos provavelmente em cerca de 150 d.C. Ele está falando da mônada divina, o ponto minúsculo que é a imagem gnóstica de Deus:

Busca-o fora de ti, e aprende quem é que toma posse de tudo o que há em ti, dizendo: *meu* deus, *meu* espírito, *meu* entendimento, *minha* alma, *meu* corpo; e aprende de onde provêm alegria e tristeza, de onde amor e ódio, e o despertar, posto que não se desperte, e o dormir, posto que não se durma, e o irar-se, posto que não se ire, e o apaixonar-se, posto que não se apaixone. E se examinares detidamente essas coisas, tu O encontrarás em ti mesmo, ao Uno e ao Múltiplo, bem como àquele ponto mínimo... pois que em ti mesmo acharás o ponto de partida de tua transição e de tua libertação.[164]

A mesma atitude empírica informa essa passagem e as observações de Tertuliano sobre o testemunho da alma.

---

163. Ibid., p. 178.
164. CW 9ii, par. 347.

Em seus últimos anos, Tertuliano tornou-se um montanista, um seguidor de Montano, que posteriormente tornou-se herege. Montano deu muita ênfase à manifestação espontânea do Espírito Santo.

Uma conhecida de Tertuliano, Santa Perpétua, foi martirizada na arena de Cartago em 203 d.C. Tertuliano, é consenso geral, ocupou-se do material reunido por Santa Perpétua, incluindo uma descrição de seus últimos dias e das visões ou sonhos que ela teve antes de seu martírio, e transcreveu-o na forma de que ora dispomos. Os estudiosos divergem exatamente sobre quando Tertuliano tornou-se montanista, mas um erudito aventa a hipótese de uma data em torno de 199. Assim, é possível que ele tenha-se tornado montanista, com sua ênfase nas manifestações espontâneas do Espírito Santo, como conseqüência de sua experiência do martírio de Perpétua — ou seja, ele ocorreu-lhe através de uma mulher. Conhecemos as duas mulheres, Priscila e Maximila, que foram condutos para o Espírito Santo para Montano; isso se encaixa em nosso conhecimento geral da psicologia masculina — conhecimento de que, como regra, as camadas mais profundas do inconsciente se manifestam por meio de uma mediatriz. Em qualquer grau, podemos supor que a crise de desenvolvimento de Tertuliano ocorreu na época do martírio de Perpétua, e a conseqüência é que temos um tom de todo diverso em sua obra mais tardia concernente à alma, diferente do tom de seus primeiros escritos polêmicos. A essa altura, ele se tornou um investigador dedicado no que tange à natureza e ao funcionamento da alma.

Tertuliano também se interessou por sonhos. Ele fala deles em seu "Tratado sobre a Alma":

> Somos obrigados a expor a essa altura qual é a opinião dos cristãos no que tange aos sonhos, como incidentes do sono e não como excitações ligeiras ou sem importância da alma, que declaramos sempre estar ocupada e em atividade devido ao seu perpétuo movimento, fato que de novo constitui uma prova e uma evidência de sua qualidade divina e imortalidade. Quando, portanto, o repouso sobrevem aos corpos humanos, sendo ele seu conforto especial, a al-

ma, desdenhando o repouso que não lhe é natural, jamais descansa; e de vez que não recebe ajuda dos membros do corpo, ela se vale dos seus... A esse poder chamamos *êxtase* [a palavra *ecstasis* significa "pôr-se fora de si mesmo"], em que a alma sensual sai de si mesma, num modo que se parece até mesmo com a loucura. Destarte, no começo, o sono foi inaugurado pelo êxtase. "E Deus enviou um êxtase sobre Adão, que dormiu." [Gênesis 2:21.] O sono desceu-lhe sobre o corpo a fim de fazê-lo repousar, mas o êxtase caiu-lhe sobre a alma para afastar o repouso: a partir dessa mesma circunstância, ainda ocorre comumente... que o sono se combine com o êxtase.[165]

Então, ele passa em revista as opiniões sobre os sonhos de vários autores e filósofos anteriores, e conclui com essas observações. Ele concluiu que há três tipos de sonhos, um causado pelos demônios, outro causado por Deus e outro pela natureza:

Declaramos, pois, que os sonhos nos são infligidos sobretudo por demônios, conquanto não raro eles se tornem verdadeiros e favoráveis a nós. Quando, contudo, com o fito deliberado segundo o mal, de que há pouco falamos, eles assumem um estilo lisonjeiro e cativante, mostram-se eles proporcionalmente vãos, enganosos, obscuros, lascivos e impuros...
Mas como que a emanar de Deus... devem todas essas visões ser consideradas, visões que podem ser comparadas à verdadeira graça de Deus, como sendo honestas, santas, proféticas, inspiradas, instrutivas, propícias à virtude, cuja natureza pródiga as faz transbordar até aos profanos, de vez que Deus com grande imparcialidade "envia Sua chuva e sol sobre os justos e injustos". Em verdade, foi por meio de uma inspiração de Deus que Nabucodonosor sonhou seus sonhos; e quase a maior parte da humanidade adquire seu conhecimento de Deus nos sonhos. Assim é que, da mesma forma que

---

165. Roberts e Donaldson, *Ante-Nicene Fathers*, vol. 3, p. 223.

a piedade de Deus sobeja aos gentios, a tentação do mau depara os santos, de quem jamais recua seus esforços malignos para sobre eles exercer o máximo de influência no próprio sono deles, visto que se acha incapaz de acometê-los quando estão acordados...

A terceira classe de sonhos consistirá naqueles que a própria alma cria aparentemente por si mesma a partir de uma aplicação intensa a circunstâncias especiais. Ora, na medida em que uma alma não pode sonhar espontaneamente... como pode ela tornar-se a si mesma a causa de qualquer visão? Então, deve essa classe de sonhos ser abandonada à ação da natureza, reservando para a alma, mesmo quando em condição extática, o poder de suportar todos os incidentes que lhe sucedam? Os sonhos que, ademais, não procedem evidentemente nem de Deus nem de inspiração diabólica, tampouco da alma, estando igualmente além do alcance da expectativa comum, da interpretação comum ou da possibilidade de se relacionarem de modo inteligível, terão de ser atribuídos numa categoria separada ao que é pura e simplesmente o estado extático e as suas condições peculiares.[166]

Sonhos que vêm de Deus, dos demônios e da natureza. Isso pode ser traduzido de modo bem direto: sonhos advindos do *Self*; sonhos advindos dos complexos arquetípicos autônomos; e sonhos pessoais sem nenhuma referência profunda. Por fim, ele até escreve algo sobre os sonhos dos bebês:

> Quanto aos que supõem que os bebês não sonham, com base em que todas as funções da alma vida afora realizam-se conformemente a capacidade da idade, devem eles observar com atenção os tremores, meneios de cabeça e sorrisinhos iluminados que se vêem nos bebês quando estão dormindo, e depreender desses fatos que trata-se das emoções de sua alma que sonha, emoções que de pronto es-

---

166. Ibid., pp. 225s.

capam à superfície por meio da ternura delicada de seu corpo infantil.[167]

A conversão de Tertuliano ao montanismo em seus anos finais significa que ele foi, em última análise, um herege. Há alguns paralelos psicológicos importantes quanto à doutrina de Montano,[168] que floresceu cerca de 150 d.C. Ele viveu na Frígia, e sua doutrina principal concernia às obras contínuas do Espírito Santo. Os montanistas achavam que o Paráclito, o defensor prometido por Cristo, estava entre eles, gerando novas profecias. Os fundamentos de seus escritos foram as passagens sobre o Paráclito em João. Cristo está falando aos seus discípulos e os preparando para sua morte, que está prestes:

Se me amais, guardareis os meus mandamentos.
E eu rogarei ao Pai, e ele vos dará um outro Confortador [Paráclito], para que fique eternamente convosco;
É o espírito da verdade, que o mundo não pode receber, porque não o vê nem o conhece; mas vós o conhecereis, porque permanecerá convosco e estará em vós.
Não vos deixarei sem conforto [i. e., órfãos]: voltarei a vós.[169]

Entretanto, digo-vos a verdade: convém a vós que eu vá: porque, se eu não for, o [Paráclito] não virá a vós; mas se eu for, vô-lo enviarei.[170]

Montano até chegou a se identificar pessoalmente com o Paráclito, de modo que, nas reuniões dos montanistas, ocorriam alguns

---

167. Ibid., pp. 226s.
168. Uma boa descrição do montanismo pode ser encontrada em Pelikan, *The Christian Tradition*, vol. 1, pp. 97ss.
169. João 14:15-18; Bíblia do Rei Jaime.
170. João 16:7; Bíblia do Rei Jaime.

dos mesmos fenômenos encontradiços nas reuniões pentecostais dos dias de hoje — glossolalia e expressões espontâneas de vários tipos quando o Espírito Santo desce sobre o indivíduo. Pelikan escreve:

> O próprio Montano parece ter afirmado que a promessa de Jesus concernente ao Paráclito se concretizara unicamente em si [Montano]. Foi ele aquinhoado com visões e revelações especiais. Uma dessas parece ter sido que o fim estava prestes, e que a vinda do Paráclito era o último sinal a preceder esse fim... [Ele] acreditava que tinha inspiração de Deus. E mais: ele prometia essa inspiração aos seus adeptos. Notadamente, ela desceu sobre dois de seus discípulos, duas mulheres [elas seriam Priscila e Maximila]... tomadas pelo Espírito Santo e falando o que lhes foi revelado nessa condição de êxtase.

A seguir, Pelikan menciona que "a *Paixão de Perpétua e Felicitas*... falava de reconhecer e respeitar as novas profecias, visões e os outros poderes do Espírito Santo",[171] uma boa indicação de que Tertuliano era um montanista na época em que escreveu ou revisou esse material particular. "Parece provável", diz Pelikan, "que, ao ver-se tomado pelo arrebatamento extático, Montano falou do Paráclito na primeira pessoa: 'Eu sou o Paráclito.' "[172]

Contudo, Pelikan sugere que Montano não se identificou com o Espírito Santo de um modo inflado. Diz ele, "Pareceria, de preferência, que essas fórmulas exprimem o sentido de passividade como um instrumento ou um porta-voz do divino que é característico dessa prática".[173] Pelikan segue falando da reação da Igreja à doutrina de Montano:

---

171. *The Christian Tradition*, p. 100.
172. Ibid., p. 102.
173. Ibid.

Mais crítica do que a teoria que o montanismo tinha da função do Espírito na Trindade era sua concepção do papel do Espírito na Igreja, e foi nesse ponto que a principal batalha doutrinal foi travada. O montanismo reivindicava a inspiração sobrenatural por parte do Espírito Santo como a fonte de sua profecia, e indicava o declínio moral da Igreja como a razão principal por ter ela perdido esse poder do Espírito.[174]

As congregações comuns da Igreja não tinham acontecimentos extáticos; eram muito mais sacramentais e ritualísticas. A Igreja não poderia tolerar esse desafio nem a idéia de que novas profecias que modificassem ou elaborassem as anteriores fossem aceitas. O caos poderia suceder se qualquer pessoa com um ego fraco — apenas um passo para o inconsciente — começasse a delirar e a anunciar a nova profecia. A Igreja se desagregaria. Assim, a Igreja valeu-se de uma linha dura contra os montanistas, declarando que a profecia cessara depois de o Novo Testamento ter sido escrito. Se alguém afirmasse a posse por parte do Espírito Santo e proclamasse alguma profecia, por definição esse alguém estava possuído por demônios e era um herege.

A idéia de Montano quanto às obras contínuas do Paráclito tem grande importância para a psicologia profunda. Em certo sentido, o ensaio de Jung sobre o Espírito Santo — sua carta a Père Lachat — poderia ser considerada um montanismo moderno. E da mesma forma a afirmação de Tertuliano de que os sonhos vêm de Deus. A mente moderna, que perdeu o seu refreamento no mito religioso tradicional, não pode mais aceitar a doutrina de que o Espírito Santo "se acha atado" na Igreja, como o expressa Jung.[175] Essas observações dele acerca da expressão espontânea do Espírito Santo vêm da carta a Père Lachat.

---

174. Ibid., p. 105.
175. *The Symbolic Life*, CW 18, par. 1534.

Houve razões muito boas pelas quais a Igreja Católica purificou cuidadosamente Cristo e sua mãe de toda contaminação do [pecado original]. O protestantismo foi mais corajoso, até audacioso ou — será? — mais esquecido das conseqüências, quando não negou [expressamente] a natureza humana (em parte) de Cristo e (inteiramente) de sua mãe. *Assim, o homem comum se tornou uma fonte do Espírito Santo*, embora decerto não a única. É como o relâmpago, que se segue não apenas das nuvens mas também do pico da montanha. Esse fato significa a continuada e progressiva encarnação divina. Dessa forma, o homem é recebido e integrado no drama divino. Parece destinado a desempenhar um papel decisivo nele; eis por que deve receber o Espírito Santo. Considero o ato de receber o Espírito Santo como um fato altamente revolucionário, que não pode ocorrer enquanto a natureza ambivalente do Pai não for reconhecida.[176]

Isso é montanismo moderno.

A paixão de Perpétua foi mencionada anteriormente. Dispomos de um documento que em geral é considerado como tendo sido escrito/revisado por Tertuliano, usando o material que Perpétua deixou. Esta tinha 22 anos e fora então recentemente batizada como cristã em Cartago e que também havia pouco dera à luz a um bebê então lactente. Ela foi martirizada na arena de Cartago durante a perseguição de Sétimo Severo, de 202 e 203; ela foi entregue a animais ferozes. Antes de seu martírio, enquanto aguardava na prisão por alguns dias, teve uma série de visões oníricas. Marie-Louise von Franz escreveu acerca dessas visões com bastantes pormenores.[177] Diversas dessas visões quadram tão bem na psicologia de Tertuliano e Montano e de toda a era cristã, que de fato fazem parte de um exame de Tertuliano, sobretudo depois que ele conheceu o martírio dela e depois

---

176. Ibid., par. 1551.
177. Publicado como *The Passion of Perpetua*. (Seu ensaio foi originariamente publicado no periódico *Spring*, 1949.)

que a experiência muito provavelmente teve um efeito decisivo sobre o desenvolvimento psicológico dele.

Perpétua teve quatro visões: a primeira envolveu uma escada dourada ascendendo ao céu. Uma segunda envolveu a imagem de seu irmão morto por causa de uma doença quando tinha sete anos. O irmão morto na visão está próximo de uma fonte, que no entanto está no alto e além do seu alcance. Na terceira visão que teve, ela de novo reconhece o irmão morto, então capaz de alcançar a fonte. Nesse momento ele está feliz, livre do estado de penitência. A quarta visão ocorre na arena, em que ela tem de lutar com um egípcio e acaba vitoriosa. Esse é o material que passou pelas mãos de Tertuliano, ele mesmo uma testemunha, podemos estar bem certos, dos fatos reais, os quais seguramente devem ter tido um efeito profundo sobre ele. A primeira visão foi esta:

> Vi uma escada dourada de altura espantosa, chegando até o céu e muito estreita, de sorte que as pessoas só a podiam galgar uma por uma; e dos lados da escada achava-se fixado todo tipo de arma de ferro. Havia espadas, lanças, ganchos, adagas; de maneira que, se alguém subisse distraidamente, ou sem olhar para cima, esse alguém seria feito em pedaços, a carne dilacerada pelas armas cortantes. E debaixo da própria escada via-se um dragão agachado, de tamanho fantástico, à espreita de quantos ascendessem. [Esse "dragão" também poderia ser traduzido como "serpente". As palavras se equivalem.] E Saturo subiu primeiro [era um outro cristão que fora martirizado anteriormente], ele, que subseqüentemente se entregara voluntariamente por nossa causa, sem que estivesse presente no momento em que fomos feitos prisioneiros. E ele chegou ao topo da escada, e voltou-se para mim, e disse, "Perpétua, estou te esperando; mas fica atenta para que o dragão não te morda". E eu disse, "Em nome do Senhor Jesus Cristo, ele não me há de ferir". E debaixo da própria escada, como que com medo de mim, ele lentamente ergueu a cabeça; e quando fui pisar o primeiro degrau, pisei-lhe a cabeça. Subi, e vi uma imensa faixa de jardim, e no meio

dele um homem de cabelos encanecidos sentado e com roupa de pastor, de grande estatura, ordenhando as cabras; e à volta achavam-se muitos milhares de vultos de túnica branca. E ele ergueu a cabeça, olhou para mim e disse "És bem-vinda, filha". Chamou-me e, como estivesse ordenhando, do queijo deu-me por assim dizer um pedacinho, que recebi com as mãos em forma de concha e comi, enquanto os que estavam ao redor diziam amém. E ao som de sua voz despertei, ainda sentindo na boca uma doçura que não posso descrever. E imediatamente relacionei isso a meu irmão, e compreendemos que devia se tratar de uma paixão, motivo pelo qual, desse momento em diante, deixamos de ter qualquer esperança neste mundo.[178]

Esse é um sonho notável de *sublimatio*, caracterizado pela ascensão e pelo estabelecimento de um nível superior do ser. Ele exemplifica vividamente o tema psicológico fundamental de toda a era cristã: a cisão da psique em duas partes, a fim de criar um nível espiritual inatacável, contrário à natureza, à matéria, à terra e ao instinto. Esse dinamismo arquetípico e histórico se apoderou de tal forma dos antigos mártires cristãos, que eles eram capazes de deparar a morte de um modo espantoso. Ter um material como esse datado de uma época de tais acontecimentos é de fato coisa muito preciosa, enquanto tentamos conseguir uma compreensão histórica.

A quarta visão ocorreu um dia antes de a levarem para a arena:

Vi numa visão que Pompônio o diácono [da Igreja] abeirou-se do portão da prisão, e bateu com veemência. Saí em sua direção e lhe abri o portão; ele estava vestido com uma túnica branca ricamente ornamentada... Ele me disse, "Perpétua, estamos te esperando; vem!", e estendeu a mão para mim, e começamos a atravessar pa-

---

178. Roberts e Donaldson, *Ante-Nicene Fathers*, vol. 5, p. 700. Esse sonho também é analisado em meu *Anatomy of the Psyche: Alchemical Symbolism in Psychotherapy*, pp. 137s. [*Anatomia da Psique*, publicado pela Editora Cultrix, São Paulo, 1990.]

ragens ásperas e de ventania. Mal havíamos por fim chegado esbaforidos ao anfiteatro e ele conduziu-me até o centro da arena, falando, "Nada temas, pois estou aqui contigo, e estou padecendo junto a ti"; e partiu. Lancei um olhar à assembléia imensa em perplexidade. E, por saber que fora entregue às bestas selvagens, maravilhei-me com o fato de elas não terem sido soltas sobre mim. Então, investiu contra mim certo egípcio, horrível em aspecto, com os que o secundavam, para dar combate a mim. E então acorreram a mim, em meu auxílio e me encorajando, jovens de bela aparência; e vi-me desnudada, como um homem. Então os que me ajudavam começaram a me untar de óleo, como soía ocorrer numa contenda; e contemplei o egípcio, por outra parte, rolando na terra. Certo homem apareceu, de altura tão grande, que excedia o teto do anfiteatro; e trajava uma túnica larga e um manto vermelho... trazia um cajado, como se fora um treinador de gladiadores, e um ramo verde de que pendiam maçãs de ouro. E ele pediu silêncio, e disse, "Esse egípcio, se quiser sobrepujar essa mulher, deverá matá-la com a espada; e se ela o quiser derrotar, deverá receber este ramo". [Então eles lutaram, Perpétua e o egípcio.]... Ele tentou prender-me os pés, enquanto eu atingi-lhe o rosto com meu calcanhar; e fui erguida no ar e comecei assim a tentar atingi-lo como que a calcar o pé na terra... Agarrei-lhe a cabeça, ele caiu de cara no chão e pisei-lhe a cabeça... [Depois, ela recebeu o ramo do treinador.] Então, acordei e percebi que eu não devia lutar com as feras, mas contra o demônio.[179]

Temas semelhantes são apresentados de maneiras diversas. No primeiro sonho, o antagonista dela era o dragão ou a cobra que ela pisou ao subir a escada. Na quarta visão, seu antagonista é o egípcio que ela pisa quando o derrota, e sua vitória advém do fato de ela ter sido erguida no ar e poder atacá-lo de cima. Calcar ao pé a natureza

---

179. Roberts e Donaldson, *Ante-Nicene Fathers*, vol. 5, p. 702.

sombria e inferior, estando-se em posição elevada, constitui o tema fundamental.

No primeiro sonho, ao chegar ao céu, no domínio superior, ela recebe um pedaço de queijo branco, e ela se une a outros trajados de túnicas brancas. Isso corresponde ao *albedo* da alquimia, o branqueamento. Trata-se da meta de um estágio do processo alquímico, porém, no que tange ao simbolismo da individuação, ela não é o objetivo máximo; toda vez que deparamos certo predomínio de brancura nos sonhos, a questão é, onde está a escuridão? Evidentemente, essa pergunta só é apropriada se o indivíduo envolvido tem o potencial para a individuação do modo como agora a entendemos. Decerto, para um cristão do século II ou III, a meta do desenvolvimento psicológico teria sido alcançar a posição espiritual que Perpétua alcançou. O *albedo*, toda aquela área de luminosidade que triunfa sobre a escuridão inferior que ela acabou de deixar, teria sido a meta.

Também é verdade que nos tempos modernos temos representantes de todos os níveis históricos em nosso meio. Devemos ter cuidado para não impor uma expectativa de desenvolvimento aos indivíduos, a qual não se aplica ao real nível psíquico deles. Ainda há um bom número de cristãos do século II em nosso mundo. Temos exemplos deles; é possível ler sobre eles todos os dias no jornal. Por exemplo, um dos conspiradores de Watergate, Charles Colson, converteu-se à Cristandade enquanto estava na prisão. Trata-se de um cristão do século II. Há um sem-número de viciados em drogas e membros de gangues que encontram o vínculo religioso autêntico, passam por conversão e se tornam missionários, por assim dizer, nas prisões e nas gangues dos bairros. Eles também são exemplos de cristãos do século II; estão alcançando seu nível psíquico adequado do ser, e deveríamos reconhecer que fazem isso.

# 10

# Mani

Numa carta de 1929, Jung escreveu: "Jesus — Mani — Buda — Lao-Tsé para mim constituem os quatro pilares do templo do espírito. A nenhum daria preferência sobre os outros."[180]

Mani nasceu na Babilônia, que era então uma província do Império Persa, em 14 de abril de 216. Sua família viveu numa comunidade mandeana no que hoje se conhece como Iraque. Os mandeanos eram um culto batista gnóstico cristão que ainda existe de fato em pequenos grupos na região pantanosa do sul do Iraque. De acordo com o estudioso maniqueu Widengren, Mani supostamente teve sua primeira revelação aos doze anos. Um ser celestial chamado de "Gêmeo" apareceu-lhe, dizendo, "Abandona essa congregação! Não pertences aos seguidores dela. A condução da moral, a contenção dos apetites, são essas as tuas tarefas; no entanto, por causa de tua juventude, não é chegado ainda o dia de te pores fora declaradamente". Num período posterior da vida, Mani falou sobre esse evento:

> O Paráclito vivo baixou à terra e me falou. Revelou-me o mistério oculto, oculto das eras e das gerações do Homem: o mistério do Pro-

---

180. *Letters*, vol. 1, p. 66.

fundo e do alto: o mistério da Luz e da Treva, o mistério da Peleja, da Guerra e da Grande Guerra — tais coisas ele mas revelou.[181]

Mani ficou à sombra nos doze anos seguintes, um período de isolamento e preparação. Com 24 anos, teve sua outra revelação. Nessa época, foi abordado pelo "Mensageiro", que o chamou de apóstolo, o que fora enviado. Mani dele ouviu que era chegada a época de proclamar "a mensagem da verdade", e resolveu se dedicar a essa tarefa. Nos 35 anos seguintes, envolveu-se em incansável atividade missionária — pregando, fundando igrejas e viajando. Viajou para o Leste até a Índia, e para Oeste, até Alexandria. A exemplo de Paulo, fundou igrejas por onde passou. Também manteve boas relações com o grande Rei Shapur da Pérsia, e durante certo período houve até uma possibilidade de que seu sistema, o maniqueísmo, pudesse se tornar a religião do domínio.

Contudo, Mani encontrou a oposição dos sacerdotes ortodoxos do zoroastrismo, os quais constituíam o *establishment* eclesiástico da época. Eles foram bastante hostis a ele, e posteriormente o sucessor do Rei Shapur voltou-se contra Mani. Por fim, por intermédio das maquinações dos sacerdotes zoroastrianos, Mani foi tornado prisioneiro, agrilhoado e torturado. Isso continuou por 26 dias conforme detalhou a igreja maniqueísta. Os 26 dias foram chamados de Paixão do Iluminador, chamada por seus seguidores como a sua "crucificação", uma analogia com Cristo. Ele morreu na prisão em 276.

Tais são os lances fundamentais da vida de Mani do modo como os eruditos no-los dão, mas há uma outra vida de Mani, talvez mais do que uma. Jung menciona uma, lendária:

> Mani é o exemplo mais famoso do "filho da viúva". Diz-se que seu nome original tenha sido Cubricus; posteriormente, ele o mudou para Manes, palavra babilônia que significa "vaso". Com quatro anos, foi vendido como escravo a uma viúva rica. Ela veio a amá-

---

181. G. Widengren, *Mani and Manichaeism*, p. 26.

lo, depois o adotou e dele fez seu herdeiro. Juntamente com suas riquezas, ele herdou a "peçonha da serpente" de sua doutrina — os quatro livros de Scythianos, o mestre original de seu pai adotivo Terebinthos, chamado de "Budda". Desse Scythianos há uma biografia lendária que o iguala a Simão Mago; a exemplo deste, diz-se que ele foi a Jerusalém na época dos apóstolos. Ele propôs uma doutrina dualista que... estava envolvida com pares de opostos... A partir desses livros [que ele herdou do pai adotivo que morrera], ele maquinou [o que os cristãos disseram que era] sua heresia perniciosa, que envenenou as nações.[182]

Esse relato dúplice de sua vida corresponde ao relato também dúplice que temos da vida de Cristo. Há em grande parte uma história pessoal a par de uma história secundária, de caráter mitológico, sobreposta àquela. De acordo com o mito da vida de Cristo, foi ele filho de uma virgem, e ele não teve nenhum pai legítimo a se postar entre ele e o pai arquetípico. O mito de Mani nos diz que este foi o "filho da viúva", e que não teve nenhum pai legítimo a se postar entre ele e a sabedoria secreta que herdou dos pais ancestrais. Há um padrão semelhante aqui, ainda que os detalhes não sejam exatamente os mesmos.

Esse estado de coisas — a falta de um pai legítimo aliada a uma disponibilidade particular a uma ligação com o pai arquetípico — é um modelo reconhecível na psicologia de certos homens. Quando há a falta do pai no começo dos anos de formação da criança, abre-se um buraco no nível pessoal da psique. Há uma acessibilidade direta ou abertura entre o ego e as camadas mais profundas da psique arquetípica, sobretudo o arquétipo do pai, de vez que este é o que não passou pela encarnação pessoal comum através de um relacionamento com um pai humano. Não há nenhum "amortecedor" entre o ego e o arquétipo.[183] Em muitas famílias em que falta um dos pais, a au-

---

182. *Mysterium Coniunctionis*, CW 14, par. 31.
183. Isso é analisado com mais pormenores em *Anatomy of the Psyche*, pp. 97ss.

sência do pai é desastrosa; o surgimento de um profeta religioso não é a conseqüência comum. A falta do pai com mais probabilidade gera um indivíduo em quem os aspectos primitivos e atávicos do arquétipo masculino vêm à luz; mas quando o ego é o bastante para a tarefa, a sabedoria arquetípica pode irromper, e há um potencial para que se crie um profeta. Cristo, nessa situação, tem a experiência de si mesmo como o filho de seu pai celestial; Mani se conhece a si mesmo como sendo o herdeiro de Scythianos, o pai ancestral. Embora a figura pessoal falte, a sabedoria arquetípica flui diretamente, por assim dizer.

Voltemos agora ao sistema de Mani. Trata-se de um conjunto rico, complexo e profundo de imagens, que é muito importante para a fenomenologia psíquica. Na verdade, esse conjunto está profundamente voltado para um dualismo radical, que predispõe os psicólogos contra ele, porquanto pensamos em termos da natureza unitária da psique; porém, dever-se-ia ter em mente que essa inclinação dualista torna o maniqueísmo uma lente de aumento melhor para nos revelar a experiência da psique cindida. Trata-se da natureza da psique na era cristã a ser cindida, e, visto que todos participamos dessa natureza, somos todos cindidos num grau maior ou menor, apesar de nossos protestos quanto à unidade psíquica. Essa é uma das razões pelas quais nos referimos tanto a isso — nós não o temos. Por todos esses motivos, o simbolismo maniqueísta é muito importante para a nossa condição psicológica.

O universo maniqueísta se acha irrevogavelmente dividido entre o domínio eterno da luz e o domínio eterno da escuridão, que nada têm que ver um com o outro. A Igreja rejeitou essa imagem por um instinto saudável, mas, não obstante isso, uma grande quantidade de atitude negadora do mundo dos maniqueístas se insinuou na representação cristã do universo. Alguns quadros cristãos medievais mostram que as conseqüências do Juízo Final serão a atribuição ao céu ou ao inferno, sem vínculo entre si. Trata-se de uma imagem maniqueísta.

À guisa de introdução ao sistema de Mani, algumas generalizações tiradas de um ensaio de H. C. Puech na *Enciclopédia Britânica* darão o pano de fundo:

> Como toda forma de gnosticismo, o maniqueísmo veio à luz a partir da angústia inata à condição humana. A situação em que o homem foi lançado dá-lhe mostras de ser estranha, insuportável e radicalmente má. O homem se sente escravizado a seu corpo, ao tempo e ao mundo; sente-se tolhido no mal, constantemente ameaçado e maculado por ele; e deseja ver-se livre dele... À proporção que vem a conhecer-se essencialmente como um estranho no mundo, ele aprende que o próprio Deus também só pode ser um estranho nele. Deus que não é outra coisa senão bondade e verdade não pode ter desejado tal sofrimento e engano. Assim, é necessário atribuir essa responsabilidade a um princípio que é mau e oposto a Deus [o que leva à idéia do universo dividido]... Um aspecto essencial [é que]... as almas partilham da própria natureza de Deus; elas são apenas uma parte de Deus que decaiu até aqui. O homem é, pois, assegurado de que Deus não perderá seu interesse na salvação de seus próprios membros... Deus resgatará esses membros e os reintegrará em si mesmo... O elemento a ser salvo é a alma do homem; o elemento salvador é... [*nous*].[184]

Puech descreve o desdobramento do mito em três fases: um período passado em que o universo se achava perfeitamente separado, sem nenhum comércio entre a luz e a treva; um período intermediário, correspondente ao presente, em que as duas camadas se combinaram; e por fim um período futuro, em que o estado original de total separação será restabelecido. São essas as três fases da história mitológica maniqueísta: separação original, combinação, separação final.

---

184. 15ª edição, vol. 11, p. 445.

A história maniqueísta apresenta muitos paralelos diretos quanto à experiência psicológica. Ela principia com dois domínios fundamentais, de todo separados um do outro, o domínio da luz e o domínio das trevas. O da luz é de repouso eterno, beatitude e bondade. O das trevas é um estado de confusão, ódio e guerra constante entre os fragmentos diversos da escuridão, de forma que se trata de um estado de dinamismo, como que em oposição à condição estável da luz. O domínio da luz tem em seu centro o Pai da Grandeza, que é uma encarnação do espírito; o domínio das trevas tem por centro o Rei das Trevas, cuja atividade é má; ele incorpora a matéria. Esse estado de total segregação é rompido pela treva quando ela primeiramente inicia um ataque ao domínio da luz. Jonas escreve:

> O que fez as Trevas aumentarem e darem combate à Luz?... As Trevas primeiramente tinham de alcançar seus próprios limites exteriores, e a estes foi impelida em alguma época no curso da guerra interior em que a paixão destrutiva de seus membros estava envolvida continuamente. Pois a natureza das Trevas é o ódio e o conflito, e ela deve satisfazer essa natureza contra si mesma até que o embate com a Luz apresente um objeto exterior e melhor... O ataque iminente das Trevas tira o domínio da Luz de seu repouso e o obriga a fazer algo que de outra forma não lhe teria ocorrido, a saber, as "criações" [criar algo].[185]

Essa é uma imagem autêntica de como o inconsciente pode operar em relação à personalidade consciente em certas circunstâncias. Numa psique cindida e dissociada insatisfatoriamente, há uma aproximação da imagem maniqueísta de domínios totalmente separados de luz e treva. Num caso como esse, o inconsciente em grande parte carregado, com todas as suas energias da sombra rejeitada, pode muito bem principiar um ataque contra o domínio da consciência. Esta, evidentemente, está tentando conservar uma condição de estabilida-

---

185. *The Gnostic Religion*, pp. 213ss.

de em repouso e passiva, a condição feliz, e ela aborrece a erupção dessas energias primitivas, sombrias e confusas vindas do inconsciente.

A situação corresponde a uma das imagens das gravuras de William Blake para o Livro de Jó, em que Satã, cercado pelas trevas, ataca a família de Jó, que se encontra na luz.[186] Esse é o estado de coisas com pacientes que apresentam problemas derivados da sombra dissociada de modo particularmente extremado. Essa seqüência de acontecimentos não precisa ocorrer apenas num nível interior. Há grande probabilidade de que ocorra exteriormente, quando o estado psicológico interior constela o antagonista no ambiente do paciente, e esse antagonista ataca de fora e transforma a vida do indivíduo num inferno. Trata-se do mesmo fenômeno.

Assim, o domínio da luz tinha de criar alguma coisa, assim como o ego atacado é obrigado a fazer algo, e a primeira coisa a ser criada foi o que se chamou Homem Primordial — o protótipo, a forma platônica original do que posteriormente se tornou a humanidade. O Homem Primordial foi criado para dar combate ao Rei das Trevas e para proteger o domínio da Luz, mas o Homem Primordial foi derrotado. Jonas diz:

> Depois de longo combate mútuo, o Arquidemônio suplantou o Homem Primordial. Em razão disso, o Homem Primordial deu-se a si mesmo bem como seus cinco Filhos na forma de comida aos cinco Filhos das Trevas, do modo como um homem que tenha um inimigo mistura um veneno mortífero num bolo e dá a esse inimigo. O Arquidemônio devorou parte de sua luz [a saber, seus cinco filhos]... Como os Filhos das Trevas os tivessem devorado, os cinco deuses luminosos foram privados do entendimento, e por meio do veneno dos Filhos das Trevas eles se tornaram semelhantes a um homem que fora mordido por um cachorro louco ou picado por uma serpente. E as cinco partes da Luz se combinaram com as cinco partes das Trevas.[187]

---

186. Ver meu *Embate com o Self: Um Comentário Junguiano sobre as Ilustrações do Livro de Jó de William Blake*, gravura 3, p. 22.

187. Ibid., p. 218.

Ora, há uma mistura de luz e treva. Jonas prossegue descrevendo as implicações disso. Os Filhos da Luz perdem sua luz e entendimento, mas nos Filhos das Trevas, o mundo da Luz que consumiram atua como

> um veneno de ação sedativa, e, quer seu desejo tenha sido satisfeito ou embotado, seu ataque por esse meio foi detido. Ambas as substâncias são veneno uma para a outra, de sorte que algumas versões não fazem tanto o Homem Primordial ser derrotado, mas, de preferência, em antecipação do efeito, entregar-se voluntariamente para ser devorado pelas Trevas [como uma forma de subvertê-las de dentro, para assim dizer].[188]

Essa imagem da luz envenenando as trevas é psicologicamente relevante. Se o ego consciente desce ao inconsciente, ele corre o risco de ser ao menos temporariamente aturdido pelas trevas em que entra, mas, então, ele trabalha por dentro do inconsciente para neutralizar-lhe os efeitos. Isso é o que ocorre quando alguém deliberadamente vai deparar um complexo inconsciente, sabendo que o contato com ele o deixará exaltado e resultará numa reação afetiva assoberbante. Provavelmente, a pessoa se verá temporariamente tomada do afeto primitivo e o representará [act it out] em certo grau; mas quando o episódio termina, a reflexão é possível e a pessoa pode reconhecer o que aconteceu. Se assim for, o incidente terá um efeito de reduzir gradualmente uma parte do complexo. Depois de fazer isso deliberadamente algumas vezes, o complexo será aos poucos assimilado. A cada vez, a pessoa injeta no complexo certa quantidade de substância de luz que a envenena por dentro. Isso não acontece quando não há nenhuma consciência. Sem a percepção do que está ocorrendo, a pessoa pode ver-se tomada de um complexo um sem-número de vezes, sem nenhuma mudança visível. Isso não é de valia; trata-se de sofrimento sem sentido. O sofrimento, porém, em

---

188. Ibid., p. 219.

que a pessoa deliberadamente entra, com o objetivo da assimilação consciente, é sofrimento sacrificial significativo, e é redentor. A imagem da derrota do Homem Primordial se aplica à psicologia da derrota em oposição à vitória. A derrota é uma parte necessária do processo de individuação (embora não seja uma boa forma de começar a vida na infância). No decurso do processo vital, contudo, a derrota é necessária a fim de chegar a uma compreensão e reconciliação dos opostos. Isso não ocorrerá com um êxito unilateral. Jung nos diz que a experiência do *Self* é sempre uma derrota para o ego,[189] de modo que o *Self* nasce potencialmente da experiência; no entanto, a derrota não vale coisa alguma se não é acompanhada de consciência reflexiva o bastante para assimilá-la num ponto de vista mais amplo. A derrota pode ser um desastre, também, não necessariamente a individuação, mas, como o expressa Jung, "a ampliação da consciência é a princípio sublevação e escuridão, depois um alargamento a partir do homem para o homem como um todo".[190] Essa é uma imagem maniqueísta. É o que o Homem Primordial conheceu — sublevação e escuridão — em sua aparente derrota por parte do Rei das Trevas; mas essa derrota também prosseguiu para mais desenvolvimentos.

É-nos dito que os cinco filhos do Homem Primordial são devorados pelos cinco filhos do Rei das Trevas, e esses cinco Filhos da Luz vão constituir a alma que ora foi aprisionada na matéria — a matéria agora tem uma alma. Essa imagem corresponde à figura de Sofia, que se encontra em outros sistemas gnósticos. Ela é a que decai na matéria e no cárcere e é abarcada por meio da treva; mas esse estado de coisas não é tolerável, de modo que Deus é então levado a criar o mundo e a enviar mais emissários a ele a fim de resgatar a luz que está presa, o estofo que é a alma aprisionada, da mesma natureza de Deus. Ele não pode aceitar a prisão eterna de sua própria essência.

---

189. *Mysterium Coniunctionis*, CW 14, par. 778.
190. Ibid., par. 209.

Uma imagem surpreendente que os maniqueístas usam para retratar esse processo de redenção do estofo que é a alma perdida é a "roda da luz" maniqueísta. O zodíaco é imaginado como uma grande roda d'água com toda casa do zodíaco na forma de um alcatruz. À medida que gira, mergulha na terra e reúne a luz e o estofo que é a alma aprisionada em seus alcatruzes, depois perfaz a volta e deposita essa luz na lua. Esta, por sua vez, transporta a luz ao sol, que a envia aos domínios superiores, ao reino da luz eterna. Um vasto processo de *circulatio* é descrito aqui. Jung fala dessa imagem em *Psychology and Alchemy*:

> No sistema maniqueísta, o salvador constrói uma roda cósmica com doze alcatruzes — o zodíaco — para erguer as almas. Essa roda tem uma ligação significativa com a *rota* ou *opus circulatorium* da alquimia, que serve ao mesmo propósito da sublimação. Como diz Dorn: "A roda da criação ascende da *prima materia*, de onde passa aos elementos simples." Ampliando a idéia da [roda filosófica], Ripley diz que a roda deve ser girada pelas quatro estações e pelos quatro quartos da lua, reunindo, assim, esse símbolo à *perigrinatio* e à quaternidade. A roda se torna a roda do sol girando pelos céus, e assim passa a ser idêntica ao deus-sol ou herói-sol, que se submete ao labor penoso e à paixão da auto-incineração, como Héracles, ou ao cativeiro e ao esquartejamento nas mãos do princípio maligno, como Osíris...
>
> O círculo descrito pelo sol é a "linha que se volta sobre si mesma, a exemplo da cobra que morde a própria cauda"... [o] "barro reluzente, moldado pela roda... e a mão do Altíssimo e Todo-Poderoso Oleiro" naquela substância terrena em que os raios do sol se reúnem e prendem. Isso... é o ouro.[191]

A idéia alquímica de *circulatio* é que o material a ser transformado deve passar por ciclos repetidos de mudança em sua natureza pa-

---

191. CW 12, pars. 469s.

ra realizar a transformação posterior, de modo que, se começa como estofo coagulado e pesado, deve sublimar-se e tornar-se espírito. Quando esse material alcançou tal estado elevado, ele deve coagular de novo. Isso também poderia ser descrito como passar por todos os quatro elementos. Deve-se passar da terra à água, desta ao ar e deste ao fogo, ao redor e ao redor e ao redor.

Entendida psicologicamente, a imagem da *circulatio* representa o processo cíclico e dinâmico do *Self*, que equivale a passar por aquilo a que um outro texto alquímico se refere como *perigrinatio*, um ciclo através dos quatro quartos da lua, através de todos os domínios do mundo. O *Self*, como entidade dinâmica, constantemente está perfazendo o circuito da totalidade psíquica de alguém, e, à medida que o ego entra em conexão com o *Self*, ele é levado nessa viagem, sujeito a circuitos repetidos de sua totalidade. Habitualmente, essa experiência não é muito agradável, porque o ego está sendo lançado de um lado a outro entre os opostos à proporção que perfaz esse circuito. O círculo toca todas as bases — superior e inferior, matéria e espírito, bom e mau, e, à medida que o círculo penetra a consciência, ele começa a criar um centro por meio de seu giro.

Evidentemente, um centro latente tem de existir antes que o círculo possa ser inscrito; isso faz parte do paradoxo. Entretanto, enquanto o círculo não fizer parte da visibilidade consciente, o ego não perceberá que a totalidade tem um centro. Este é equivalente à experiência de uma unidade que acolhe e reconcilia todos os opostos ordenados ao longo da circunferência do círculo. Esse aspecto de concentração e reconciliação dos opostos é justamente o que falta ao sistema maniqueísta, embora se ache demonstrado no simbolismo alquímico e nas descobertas da psicologia profunda.

Mais uma imagem maniqueísta é chamada de *Jesus patibilis*. Um dos procedimentos usados para resgatar a luz que está presa foi a criação da figura do Jesus iluminado, que então abeirou-se de Adão a fim de libertá-lo. Descrevendo esse evento, Jonas cita um texto do maniqueísta Theodore bar Konai:

Jesus o Iluminado abeirou-se do inocente Adão. Despertou-o do sono da morte, de modo que Adão se pudesse libertar dos muitos demônios... [Ele] acordou-o, instou-o, sacudiu-o para espertá-lo, afugentou dele o Demônio Sedutor e retirou o poderoso Arconte... e Adão examinou-se e descobriu quem era. Jesus mostrou-lhe os Pais no alto e seu próprio *Self* lançado a todas as coisas, [para] as presas das panteras e elefantes, devorado pelos que devoram, consumido pelos que consomem, comido pelos cães, misturado e atado em tudo, aprisionado no fedor das trevas. Ele o ergueu e o fez comer da árvore da vida. Então, Adão gritou e lamentou: terrivelmente ergueu a voz como o leão rugidor... bateu no peito e falou: "A desgraça, a desgraça ao que moldou-me o corpo, aos que me agrilhoaram a alma e aos rebeldes que me escravizaram!"[192]

Jonas comenta:

Aqui, Jesus é o Deus com a missão da revelação ao Homem, uma hipóstase mais especializada ou emanação do Mensageiro, cuja missão era para a Luz cativa em geral... Que é ele quem faz Adão comer da Árvore do Conhecimento explica a acusação cristã de que os maniqueístas igualavam Cristo à serpente no Paraíso. Do conteúdo de sua revelação, a doutrina concernente a "seu próprio *self* lançado a todas as coisas" requer comentário. Ela exprime o outro aspecto dessa figura divina: além de ser a fonte de toda atividade revelatória na história da humanidade, ele é a personificação de toda a Luz combinada na matéria; isto é, ele é a forma que sofre do Homem Primordial. Essa interpretação original e profunda da figura do Cristo foi um item importante do credo maniqueísta e é conhecida como a doutrina do *Jesus patibilis*, o "Jesus passível" [ou que sofre], que "pende de cada árvore", "é servido pronto em cada prato", "todo dia nasce, sofre e morre". Ele está disperso em toda a criação, mas seu domínio e encarnação mais verdadeiros parecem ser

---

192. *The Gnostic Religion*, pp. 86s.

o mundo vegetal, ou seja, a forma de vida mais passiva e a única inocente; no entanto, ao mesmo tempo com o aspecto ativo de sua natureza ele é o transmundano Nous que, vindo de cima, libera sua substância cativa e de maneira contínua, até que o fim do mundo a reúna, i. e., *a ele mesmo*, a partir dessa dispersão física.[193]

Quando essa imagem profunda é apreendida, ela permite a introvisão nas experiências mais problemáticas. Mostra-nos que a fonte transpessoal da consciência, do sentido e do valor, deve ser encontrada dispersa do começo ao fim das trevas de nossas experiências humanas mais difíceis e comuns. Essa é a luz aprisionada na escuridão. Não só está aprisionada, ela está sofrendo, e, como em certas imagens alquímicas, o indivíduo que sofre, quer seja a Sofia ou o rei que está-se afogando, grita ao alquimista, "Por favor, me resgate dessa condição, e haverei de recompensá-lo generosamente". Essas imagens correspondem ao *Jesus patibilis* maniqueísta, encontrado no centro de todos os acontecimentos. Trata-se da própria energia vital, com seu potencial latente para a consciência, aprisionada nas trevas do inconsciente.

Os maniqueístas, evidentemente, pensavam que o resultado final de todo esse processo seria uma *separatio* máxima, por meio da qual o domínio da luz seria restaurado a seu estado prístino original e totalmente apartado do maléfico domínio da escuridão. Um ponto de vista psicológico consideraria essa separação como sendo apenas um passo rumo ao processo de individuação. A começar com uma mistura, há uma necessidade de separação, purificação, de modo que os opostos sejam apartados e vistos claramente, não combinados. Essa separação corresponderia ao primeiro estágio da *coniunctio*, do modo como é analisado por Jung em *Mysterium Coniunctionis*.[194]

Mas a esse estágio, falando de modo mais claro, deve-se seguir uma *coniunctio*, uma reconciliação entre os opostos separados. Uma

---

193. Ibid., pars. 228s.
194. CW 14, pars. 738ss.

fórmula alquímica, por exemplo, diz "semeia teu ouro na terra de folhas brancas". O ouro é o estofo purificado; a terra de folhas brancas é a que passou por um estado de purificação e sublimação, de sorte que é o que se pode chamar terra limpa — terra que não se acha misturada com outros componentes. Esses opostos purificados constituem os elementos da autêntica *coniunctio*. Então, é possível semear o ouro na terra de folhas brancas. As imagens maniqueístas não chegam a esse estágio, mas não podemos esperar mais dos maniqueístas do que esperamos da teologia cristã, que tampouco foi adiante nisso.

Num ensaio sobre a idéia da redenção do maniqueísmo, o estudioso H. C. Puech se ocupa dessas questões para mostrar algumas relações com a experiência humana real e as questões morais. Ele afirma que os textos deixam claro

> que o pecado se origina na imersão da alma na mistura: a própria existência é pecado. A alma não é intrinsecamente pecadora, e fundamentalmente não é responsável pelo pecado: não sucumbe ao pecado a partir de seu próprio impulso mas por meio de sua mistura com a carne... Esse mal, que jaz na natureza da matéria, sempre existiu e sempre existirá: o tempo só faz aumentá-lo e propagá-lo, mas ele não pode extingui-lo. O pecado da alma, contudo, não apresenta realidade em si mesmo, ou, na maioria dos casos, tem uma realidade efêmera: surge de uma atração momentânea e involuntária da alma pela matéria, e não deixa traço exceto na memória.[195]

Esse conceito maniqueísta de que a própria existência é pecado corresponde a nossa compreensão psicológica de que a consciência do ego, por sua natureza essencial, é acompanhada da culpa, de que ser consciente é ser culpado. Jung diz:

---

195. "The Concept of Redemption in Manichaeism", em *The Mystic Vision: Papers from the Eranos Yearbooks*, vol. 6, p. 290.

O um-após-o-outro é um prelúdio suportável para o conhecimento mais profundo do lado-a-lado, pois esse é um problema incomparavelmente mais difícil. Uma vez mais, a visão de que o bem e o mal são forças espirituais exteriores a nós, e de que o homem está preso no conflito entre ambos, é muito mais tolerável do que a introvisão de que os opostos são as condições prévias inerradicáveis e indispensáveis de toda vida psíquica, tanto assim que a própria vida é culpa.[196]

À afirmação de Jung dever-se-ia acrescentar a cláusula de que a própria vida *consciente* é culpa. Os animais não são culpados. A observação de Jung corresponde ao imaginário maniqueísta com uma grande diferença, contudo: enquanto Jung considera a mistura como sendo necessária e apropriada para promover a transformação em andamento da imagem-de-Deus, os maniqueístas consideravam que o processo deveria terminar numa *separatio* em que não existe reconciliação nenhuma.

A visão maniqueísta é a de que o mundo chegará ao fim numa última conflagração. Quando toda a luz residual foi reunida a partir da escuridão do mundo, ela se congrega no que é chamado de uma "última estátua", ou "último pilar". Jonas escreve:

Quando essa Última Estátua for perfeita em todos os seus membros, então ela escapará e será alçada daquela grande batalha através do Espírito Vivo, seu pai, que vem e... tira os membros da... dissolução e do fim de todas as coisas.[197]

A luz agregada na última estátua promana de sua fonte original e a ela retorna, ao domínio da luz, deixando o domínio das trevas privado. Essa imagem de uma estátua aflora de novo na alquimia. Ela é uma imagem do *Self*, uma imagem da totalidade. Jung a analisa em

---

196. *Mysterium Coniunctionis*, CW 14, par. 206.
197. *The Gnostic Religion*, p. 235.

*Mysterium Coniunctionis*. Ele cita um texto alquímico que trata de uma imagem da Pedra Filosofal como sendo uma estátua viva, e então comenta:

> Essa estátua viva se refere ao resultado final do trabalho; e o trabalho... foi, por um lado, uma repetição da criação do mundo, e por outro um processo de redenção, razão por que o lápis-lazúli foi parafraseado como o Cristo que ascendeu... É notável que a estátua seja mencionada em relação com idéias escatológicas dos maniqueístas.

Jung então cita o texto maniqueísta dado acima, que descreve como a última estátua se constelará a si mesma e então será levada, e diz:

> Está claro a partir desses excertos que a estátua ou pilar é o Homem Primordial perfeito [o *Anthropos teleios*] ou pelo menos o seu corpo, tanto no começo da criação como no final dos tempos.[198]

Bem em meio a essa idéia de *separatio* maniqueísta máxima está contida uma imagem do *Self* na forma da estátua. Isso indica que a dinâmica do *Self* se manifesta e vive através desse processo maniqueísta, mesmo que a reconciliação dos opostos não seja alcançada nesse estágio de coisas. Pode-se dizer que a presença dessa imagem-do-*Self* da individuação prenuncia um nível futuro da consumação psíquica que será uma *coniunctio* em vez de uma *separatio*.

---

198. CW 14, par. 567. Há uma análise dessa imagem da estátua com relação a um sonho em meu livro *Ego e Arquétipo*, pp. 220s.

# 11

# Santo Agostinho

Santo Agostinho é a única figura pós-nicena a ser considerada aqui. O Concílio de Nicéia em 325 foi um divisor de águas na história dos primórdios do cristianismo. O Imperador Constantino tinha sido convertido, e a Igreja estava consolidando seus dogmas, um processo que Santo Agostinho efetivamente levou a cabo. Ele é uma figura de proa. Em muitos aspectos, é a personificação da Igreja Cristã ortodoxa. Um grande número de movimentos diversos refluem a ele: o catolicismo ortodoxo, a escolástica medieval, o misticismo cristão em grande escala e — por estranho que pareça — a Reforma Protestante. Todos têm raízes em Santo Agostinho.

Toda a segunda metade de sua complexa vida de trabalho ele passou na condição de pároco a serviço de crentes humildes. Quando se tornou Bispo de Hippo, era um administrador eclesiástico de alto nível. Era também um teólogo profundo e sutil, e escreveu comentários volumosos sobre as Escrituras. Além de tudo isso, foi um místico em certo sentido, que cultivou a vida interior da oração e da contemplação. É uma grande combinação para uma pessoa só: ele ao mesmo tempo estabeleceu a autoridade e os sacramentos da Igreja, além de estabelecer a vida interior como a base da religião.

Santo Agostinho nasceu numa cidadezinha da Argélia. Seu pai foi um pagão, e sua mãe, Mônica, foi uma cristã fervorosa. Quando jovem, demonstrou grande potencial intelectual e recebeu uma educação excelente com vistas a que servisse o governo. Ele procurou os prazeres terrenos como qualquer outro adolescente, porém, com dezenove anos, converteu-se à filosofia lendo Cícero. Alguns anos depois, juntou-se à igreja maniqueísta. Teve uma ligação com uma mulher de baixa extração, teve um filho com ela e lhe foi fiel por dez ou quinze anos.

Originariamente ensinou em Cartago, mas com 28 anos mudou-se para a Itália, onde tinha conhecidos, e assumiu o cargo de professor universitário em Milão. Lá encontrou Ambrósio, o bispo de Milão. Embora Ambrósio na verdade não convertesse Agostinho, o encontro com Ambrósio ensinou-o que todos os cristãos não eram intelectualmente falhos. Nos primórdios da religião, era particularmente um fato que os cristãos pareciam gente bastante humilde e, se uma pessoa houvesse tido uma educação muito boa, a mensagem cristã tinha algo de agressão à inteligência.

Enquanto esteve em Milão, passou por outra conversão. Ele deparou o neoplatonismo, provavelmente ao ler Plotino, e até mesmo teve uma experiência mística envolvendo uma luz estática; mas o efeito dessa experiência só foi temporário, e ele voltou ao estado de conflito interior crônico de que sofrera intermitentemente por vários anos. Tratava-se de um conflito entre seus desejos carnais e a mensagem cristã que sua mãe tão assiduamente incutira nele. Por fim, com 32 anos, passou por uma conversão decisiva, que ao fim e ao cabo o comprometeu com a Cristandade. Alguns meses depois, foi batizado, para grande satisfação de sua mãe, que então morreu como se sua missão se houvesse completado.

Pouco depois disso, Santo Agostinho voltou para a África, com a intenção de fundar uma comunidade monástica dedicada à vida de estudo e à contemplação; mas seu brilhantismo e seus talentos eram tão proeminentes, que, numa visita a Hippo, ele quase foi raptado por membros da congregação, que insistiam em que ele fosse ordenado sacerdote e começasse a atuar nessa qualidade. Agostinho não se mostrou avesso a tanto, mas, não obstante isso, não tinha nenhuma intenção inicial de tornar-se sacerdote. Alguns anos depois, o antigo bispo morreu, e Agostinho substituiu-o, passando o resto da vida como Bispo de Hippo, uma grande cidade no que hoje é a Argélia. Lá escreveu toda a sua obra bem como realizou seu trabalho paroquial e episcopal, e, por fim, morreu com 76 anos, em 430, justamente quando os exércitos de vândalos bárbaros estavam assediando Hippo.

Em suas *Confissões*, Agostinho descreve a experiência de sua conversão à Cristandade. O conteúdo das *Confissões* acha-se resumido na capa da tradução de Henry Chadwick:

> Agostinho narra sua luta para dominar seu impulso sexual, sua ascensão incomum, de uma humilde propriedade rural na Argélia até o limiar dos corredores do poder superior na corte imperial de Milão, e sua renúncia à ambição secular e ao matrimônio enquanto recuperava a fé que a mãe lhe transmitira. Foi num jardim de Milão que Agostinho finalmente realizou o ato da vontade quanto à conversão cristã, que ele comparou a um homem indolente no leito, decidindo-se por fim que é hora de levantar e enfrentar o dia.

O que levou a essa experiência foi uma visita a um amigo, enquanto ele estava no meio de seu conflito duradouro entre sexualidade e espírito. Anteriormente, em suas *Confissões*, ele diz que, em ocasiões passadas, havia rezado para Deus em favor da castidade e da abstenção de prazeres, "mas não ainda". Ele escreve:

> Então, no meio daquela grande refrega que, na minha casa interior, no meu quarto — o coração —, violentamente tinha travado contra a alma, precipito-me sobre [Alípio], exclamando, perturbado no rosto e no espírito: "Por que sofremos? Que significa o que acabas de ouvir? Os ignorantes levantam-se e arrebatam o céu, e nós, com as doutrinas insensatas, eis como nos revolvemos na carne e no san-

gue! Teremos vergonha de os seguir, porque nos precederam, e não nos envergonhamos sequer de os não seguir?"... [Alípio]... ficou calado e atônito a olhar-me, por eu falar de um modo insólito. A fonte, as faces, os olhos, a cor, o timbre da voz descreviam mais o estado da minha alma do que as palavras que proferia.[199] ... Retinham-me preso bagatelas de bagatelas, vaidades de vaidades, minhas velhas amigas, que me sacudiam o vestido carnal e murmuravam baixinho: "Então despedes-nos? Daqui por diante, nunca mais estaremos contigo." ... Que imundíceis me sugeriam, que indecências! Reduziase já a menos de metade o número de vezes em que lhes dava ouvidos. Já as vaidades... como que a segredar-me pelas costas, espicaçavamme furtivamente... Contudo, faziam-me retardar, por duvidar arrancar-me e desfazer-me delas, para saltar aonde me chamavam, enquanto o hábito violento me rosnava: "Julgas que poderás passar sem elas?"[200]

Eis que de súbito, ouço uma voz... Não sei se era de menino, se de menina. Cantava e repetia freqüentes vezes: *"Toma e lê; toma e lê."* [A experiência é amiúde mencionada pela frase latina *tolle lege*.] Imediatamente mudando de semblante, comecei com a máxima atenção a considerar se as crianças tinham ou não o costume de trautear essa canção em algum dos jogos. Vendo que em parte nenhuma a tinha ouvido... levantei-me, persuadindo-me de que Deus só me mandava uma coisa: abrir o códice, e ler o primeiro capítulo que encontrasse... Abalado, voltei aonde Alípio estava sentado, pois eu tinha aí colocado o livro das Epístolas do Apóstolo [refere-se a São Paulo]... Agarrei-o, abri-o e li em silêncio o primeiro capítulo em que pus os olhos [extraído de Romanos, 13:13]: "Não caminheis em glutonarias e embriaguez, nem em desonestidades e dissoluções, nem em contendas e rixas; mas revesti-vos do senhor Jesus Cristo e não procureis a satisfação da carne com os seus apetites."

---

199. Henry Chadwick, trad., *Augustine's Confessions*, livro 8, p. 146. [A tradução usada para esta edição foi extraída de *Confissões de Santo Agostinho*, tradução de J. Oliveira Santos, S. J. e A. Ambrósio de Pina, S. J., Ed. Nova Cultural, 1987.

200. Ibid., p. 151.

Não quis ler mais, nem era necessário. Apenas acabei de ler estas frases, penetrou-me no coração uma espécie de luz serena, e todas as trevas da dúvida fugiram.[201]

Essa era uma antiga prática comum. Um livro de Virgílio era amiúde usado — pegava-se o livro, que era aberto ao acaso, e qualquer passagem em que pousassem os olhos da pessoa era tomada por mensagem divina. Tratava-se de uma versão de uma consulta ao *I Ching*. Era assim mesmo. O conflito dele terminara e, em contraste com suas outras assim chamadas experiências de conversão, essa continuou. Era a coisa real.

Em termos de psicologia moderna, a conversão representa uma dissociação definitiva. Foi a cisão entre instinto e espírito que então continuou pelo resto da vida de Santo Agostinho; contudo, em termos de psicologia no quarto século, certamente significa mais do que isso. Representa aceitação por parte de Agostinho de seu destino como representante da era cristã, e constituiu por isso um passo decisivo na individuação dele. Permitiu-lhe dar continuidade a sua tarefa histórica de fazer com que a era cristã e a civilização ocidental existissem. Não raro ocorre que, de um ponto de vista propício, uma experiência como essa só é vista como um estágio, um dentre uma série no processo alquímico — nesse caso, o processo da *separatio*. De fora, ela dá a impressão de que a totalidade está sendo sacrificada; contudo, é possível que, da perspectiva do indivíduo em particular, ela seja uma expressão de sua totalidade latente, caso em que o *Self* é seu agente. Isso parece ter ocorrido com Santo Agostinho. O poder do *Self* dá a razão da grande energia que ele pôde dispensar, de modo tão dedicado, à Igreja e a suas escrituras.

De um ponto de vista exclusivamente pessoal, poderíamos encarar seu conflito como que derivando da diferença entre seu pai pagão e sua mãe cristã, e, desse ponto de vista, sua mãe saiu vitoriosa.

---

201. Ibid., p. 153.

Num período posterior da vida, até mesmo o pai pagão foi convertido; mas a morte de Mônica imediatamente após a conversão de Santo Agostinho indicou que a missão dela fora cumprida; também teve o condão de libertar Agostinho da dependência de sua mãe e de fazer que sua devoção fluísse para a mãe Igreja.

Tão substancial é a contribuição de Agostinho, que ela não pode ser resumida de modo sucinto, mas certos aspectos são particularmente importantes do ponto de vista psicológico. Três vertentes de pensamento lhe perpassam a obra. Uma é o neoplatonismo: ele mergulhou em Plotino em particular, e, evidentemente, em Platão. A segunda foi o maniqueísmo, e a terceira, a religião relativa às Escrituras, com base no Antigo e Novo Testamentos. Talvez pareça estranho incluir o maniqueísmo, visto que ele renunciou a ele inteiramente, pelo menos num nível consciente. Sabemos, contudo, que toda vazão de intensidade apaixonada, quer positiva quer negativa, exerce uma influência importante sobre a vida da pessoa, e que com certeza foi esse o caso de Agostinho com relação ao maniqueísmo.

Quando ele estava com 67 anos, um grande amigo pediu-lhe que escrevesse um resumo da teologia cristã, um tipo de manual. Agostinho agiu conformemente, preparando um volume que ora conhecemos como o *Enchiridion*, que significa manual. O breve comentário que se segue das sete doutrinas básicas de Santo Agostinho se baseia nesse livro.

A primeira doutrina se ocupa da Trindade, sobre a qual ele escreveu um ensaio de tamanho considerável em seus anos mais tardios. Ao analisá-la como estrutura metafísica, Agostinho, fiel a sua tendência a estar atento à vida interior, traçou paralelos entre a estrutura trinitária da Divindade e a estrutura da mente humana. Ele exemplificou suas idéias sobre a Trindade por meio da analogia com o processo psicológico do pensamento. Henry Chadwick comenta:

> Por sermos feitos à semelhança de Deus [Santo Agostinho diz que], podemos ter a esperança de achar algumas "pegadas" da Trindade na alma do homem. Santo Agostinho... sugere que há uma tríade

na personalidade do homem, a qual consiste na "memória" (que Agostinho toma pelo profundo centro da personalidade, incluindo a mente subconsciente), na inteligência e na vontade. A inteligência é uma reflexão, em certa medida, da Razão divina que é o Filho; a vontade conativa, apetente, reflete esse Amor que é o Espírito Santo.[202]

Agostinho está afirmando aqui que o Pai na Santíssima Trindade corresponde à própria mente humana, com a psique como sua realidade fundamental. O Filho corresponde ao intelecto, à capacidade de reflexão — para organizar e manipular as imagens que constituem a mente. O Espírito Santo é paralelo à vontade, e corresponde aos desejos, a energia da libido que impele o processo psíquico vital; o intelecto não poderia realizar sua operação a não ser que fosse abastecido pela libido, pela condição do desejo. Portanto, de acordo com Agostinho, a Santíssima Trindade no domínio metafísico reflete-se na estrutura da psique humana.

Voltando ao nível metafísico, Chadwick diz acerca da Trindade:

A doutrina de Agostinho da "dupla processão" tornou-se para seus sucessores muito mais do que um exemplo ou analogia. Ela figura como teologia formal no credo "atanasiano", e na Espanha durante o século VI veio a ser firmada como proposição indispensável, antiariana. Aos poucos, a palavra "e o Filho" (*Filioque*) veio a ser acrescentada aos credos ocidentais... até... que o acréscimo ao credo ecumênico começasse a ser o tema de crítica mútua e até recriminação entre o Oriente grego e o Ocidente latino. Como, perguntavam os gregos, poderia o Ocidente justificar a interpolação no texto do credo do concílio ecumênico?... Foi um passo que contribuiu um pouco para ampliar o hiato entre Oriente e Ocidente.[203]

---

202. *The Early Church*, pp. 235s.
203. Ibid., p. 236.

O credo a que se refere Chadwick foi, até a época de Agostinho, a afirmação estabelecida de crenças que todos os virtuais candidatos à Igreja tinham de consolidar. Uma das orações no credo reza, "Cremos no Espírito Santo que provém do Pai". Muita controvérsia desenvolveu-se em torno dessa frase, porque um grupo de tamanho considerável na Igreja queria acrescentar a frase "e do Filho". O problema foi mais ou menos resolvido por Santo Agostinho, que optou pelo que se chama a dupla processão do Espírito Santo: o Espírito Santo procede não apenas do Pai, mas também do Filho.

A essa distância histórica, é-nos difícil entender como épocas anteriores puderam se exaltar tanto acerca dessas questões; contudo, o debate era acalorado, e o fato de que fosse tão intenso demonstra que uma questão psicológica crucial se achava na raiz dele. Há uma razão para cada fenômeno psicológico; essa é a verdadeira base do empirismo psicológico. Não podemos pôr de parte como tolice nem superstição, tampouco ignorância, qualquer fenômeno psíquico em qualquer estágio do desenvolvimento que traga em si uma qualidade intensa e passional. Precisamos entender-lhe as raízes. Nesse caso, a raiz da questão envolvia a relação do ego com o *Self*. O Filho é o ego e o Pai, o *Self*; o ego é o filho do *Self*. Assim, a questão em disputa era, em termos psicológicos: seria o ego um parceiro equivalente do *Self*, ou seria ele, em termos relativizados, uma marionete? Se for um parceiro equivalente, então o vínculo dinâmico que os liga procede de ambos.

Esse mesmo problema estava por trás da assim chamada disputa *homoousia*. Esta envolvia o debate sobre se o Pai e o Filho na Trindade são da mesma substância, que seria *homoousia*, ou apenas de substância semelhante, o Filho sendo de substância inferior à do Pai, a qual seria *homoiousia*. A Igreja ocidental — Católica Romana — optou pela fórmula da *homoousia*, qual seja a de que o Pai e o Filho são da mesma substância, uma vez mais significando do ponto de vista psicológico que o ego e o *Self* são parceiros equivalentes. A Igreja oriental tomou outro caminho. Não é inconcebível que essa diferença na mitologia religiosa fundamental dê a razão de certa diferença entre os egos do Oriente e do Ocidente. Talvez até mesmo seja possível inferir algo acerca das diferenças entre croatas e sérvios; uns pertencem à Igreja Ocidental e os outros à Igreja Oriental.

A segunda doutrina se ocupa do pecado original. De acordo com esse preceito, Deus criou os anjos e então a humanidade, e algum tempo depois disso houve uma decadência tanto no domínio angélico como no humano. No *Enchiridion*, Santo Agostinho escreve,

> alguns dos anjos abandonaram a Deus, presas de orgulho ímpio, e, do fulgor de sua morada celestial, foram lançados às trevas mais fundas; o grupo restante de anjos perseverou na bênção eterna e na santidade com Deus.[204]

Sucedendo essa deserção angélica, Adão e Eva se insurgiram. Agostinho descreve o começo do pecado dessa forma:

> A causa do mal é a deserção da vontade de um ser que é mutavelmente bom quanto ao Bem [mais amplo] que é imutável... foi esse o lapso primordial da criatura racional, ou seja, sua primeira privação do bem. Em seqüência a isso, insinuaram-se, mesmo sem ele querer, a ignorância do que se deve fazer e também um apetite pelas coisas nocivas. E estes trouxeram consigo, a modo de pares, o erro e a infelicidade... Depois que o homem pecara, ele foi banido, e através de seu pecado ele sujeitou seus descendentes ao castigo do pecado e da danação, pois radicalmente os corrompera, em si mesmo, ao pecar... Todos os que descenderam dele e de sua mulher... todos os nascidos através da lascívia da carne... todos esses entraram a herdar o pecado original... Essa, pois, era a situação: todo o conjunto da massa humana foi condenado. [A palavra usada é traduzida literalmente como "um monte de perdição". A humanidade é um monte de perdição.][205]

---

204. IX, 28, p. 355.
205. *Enchiridion*, VIII, 23-27, pp. 354s.

Essa visão um tanto sombria da natureza humana significa que não há nenhuma chance de resgate a não ser que a graça divina, não merecida, seja concedida do céu. Diferentemente, a humanidade está irrecuperavelmente condenada por sua própria natureza. O quadro inteiro apresenta paralelo psicológico considerável.[206] Psicologicamente, há certa validade para ele, por unilateral e desvirtuado que seja. O pecado original corresponde ao estado do ego infantil quando primeiro emerge de sua identificação total com o *Self* original. Trata-se de um estado inflado, grandioso, cheio de orgulho e desejo ardente. Ao observar um bebê segundo padrões adultos, chega-se depressa a essa conclusão. Quando o bebê começa a se reconhecer como um ser autônomo, ele assume aspectos de Divindade. "O Rei Bebê" é como falamos dele, e no trabalho psicológico com pacientes, o Rei Bebê não é de todo invisível mesmo em anos posteriores. Esse é o estado do pecado original, e ele existe porque o ego que nasce está emergindo na autoconsciência. O ego jamais poderia vir à existência sem cometer esse pecado original do orgulho, esse crime de separar-se da totalidade original, o estado da natureza; a consciência do ego em sua essência é um crime.

Jung interpreta a doutrina do pecado original desta forma:

> [O livro do] Gênesis representa o ato de tornar-se consciente à maneira de transgressão de um tabu, como se o conhecimento significasse que um obstáculo sacrossanto fora ultrapassado de modo ímpio. Creio que o Gênesis esteja certo na medida em que cada passo rumo à consciência maior é um tipo de culpa prometéica: por meio do conhecimento, os deuses são por assim dizer privados de seu fogo, isto é, algo que foi a propriedade dos poderes inconscientes é arrancado de seu contexto natural e subordinado aos caprichos da mente consciente. O homem que usurpou o novo conhecimento sofre, contudo, uma transformação ou dilatação da consciência, que não se assemelha mais à do seu par. Ele pôs-se acima do nível hu-

---

206. Isso é analisado em meu *Ego e Arquétipo*, cap. 2.

mano de sua época... porém, ao fazê-lo, alienou-se da humanidade. O sofrimento de sua solidão é a vingança dos deuses... Ele está, como reza o mito, acorrentado aos despenhadeiros soturnos do Cáucaso, abandonado por Deus e pelo homem.[207]

Jung se refere a isso uma vez mais em *Mysterium Coniunctionis*. Ele afirma que a percepção consciente dos opostos leva à compreensão de que "a própria vida é culpa".

Até mesmo uma vida dedicada a Deus ainda é vivida por um ego que fala de um ego e afirma um ego a despeito de Deus, que não se funde de imediato com Deus mas reserva a si mesmo uma liberdade e uma vontade que estabelece exteriormente a Deus e contra ele. Como *pode* ele fazer isso contra o poder avassalador de Deus? Só por meio da auto-afirmação, tão certa de seu livre-arbítrio quanto Lúcifer. Toda distinção quanto a Deus é separação, estranhamento, desaparecimento. A Queda foi inevitável até no Paraíso.[208]

A terceira doutrina de Agostinho é a da graça. Se a humanidade não estiver de todo condenada, a idéia do pecado original levará naturalmente à questão da graça. De vez que a humanidade é corrupta de modo inato, apenas um monte de perdição, ela não tem chance sem algum tipo de ajuda exterior na forma de graça divina, cuja expressão mais notável, segundo a teologia cristã, é a encarnação em Cristo. Muito da teologia de Agostinho pode remontar, pelo menos em parte, a Platão e Plotino, mas o conceito de graça não existe na tradição grega. Advém das escrituras hebraicas e deriva da concepção de uma Divindade que tem uma relação pessoal com a humanidade em vez de uma relação abstrata e impessoal, a exemplo de Zeus. Acerca de Agostinho e da doutrina da graça, Pelikan escreve:

---

207. *Two Essays*, CW 7, par. 243, nota de rodapé.
208. CW 14, par. 206.

A igreja latina estava certa quando nomeou [Agostinho] não só como "doutor da igreja", mas especificamente como o "doutor da graça". Pois, se houve uma marca doutrinal que deu unidade à maior parte do que ele disse e escreveu, essa foi a graça divina... A graça é o amor e o favor imerecidos de Deus... Ela toca o mais íntimo do coração e da vontade do homem. Orienta e impele a peregrinação dos convocados para serem fiéis. Conduz e exalta a alma ao arrependimento, à fé e ao louvor. Transforma a vontade humana para que ela seja capaz de fazer o bem. Alivia a angústia religiosa do homem por meio do perdão e da dádiva da esperança. Firma as bases da humildade cristã, abolindo as do orgulho humano.[209]

Quem quer que tenha deparado significativamente o inconsciente passou pela experiência do equivalente psicológico da graça divina. Um exemplo familiar vem à luz com o uso do antigo oráculo chinês, o *I Ching*. Muitas pessoas atualmente descobriram que, em momentos de inquietação e preocupação, ele é seguramente útil. Isso é vivido como graça. O *I Ching*, é óbvio, é tão-só um dos agentes do inconsciente. Quando a pessoa está alerta a eles, os sonhos e toda sorte de acontecimentos espontâneos trazem um componente de graça para eles. Isso pode ser descrito abstratamente com dizer que quando a pessoa se acha num estado consciente de inquietação, o inconsciente tem certa tendência de constelar uma condição contrastante com fins de compensação; mas essa maneira abstrata de expressá-lo não faz justiça à dimensão sensível da experiência, que é a de um encontro com a graça.

A doutrina que promana diretamente da doutrina da graça, como um tipo de corolário para ela, é a doutrina da predestinação. Pelikan a ela se refere nos seguintes termos:

[Ele tinha] uma doutrina da predestinação mais completa do que a de qualquer grande pensador ortodoxo desde Paulo. Ele definiu a

---

209. *The Christian Tradition*, p. 294.

predestinação como "o arranjo de Deus de suas obras futuras em sua presciência, que não se pode enganar nem mudar"... ele posteriormente chegou a incluir a vontade humana na ordem dos efeitos da predestinação divina; pois "de acordo com essa vontade sua [a vontade de Deus], tão eterna quanto a sua presciência, decerto ele já realizara no céu e na terra todas as coisas que havia querido — não apenas coisas passadas e presentes, mas até futuras"... A predestinação era a preparação para a graça, enquanto esta era a concessão da própria dádiva... [Alguns ele predestinou à graça mas] até no caso dos amaldiçoados, a onipotência de Deus realizou seu propósito e a vontade de Deus se fez sobre a terra... Por que, pois, Deus criou aqueles cuja queda previu? Para manifestar sua ira e demonstrar seu poder. A história humana foi a arena para essa demonstração, em que as "duas sociedades de homens" foram predestinadas, uma para reinar eternamente com Deus e a outra para passar pelo sofrimento eterno junto com o demônio; mas a dupla predestinação se aplicava não só à cidade de Deus e à cidade da terra, mas também aos indivíduos. Alguns foram predestinados à vida eterna, outros, à morte eterna.[210]

Isso prenuncia Calvino, que descende diretamente de Santo Agostinho. Ora, qual é o sentido aqui? O problema psicológico parece claro: ele envolve a relação paradoxal entre o ego e o *Self*. Isso reflete um vasto problema teológico, que foi o tema de um debate em curso durante séculos, entre a graça *versus* as obras como o agente da salvação. Esse conflito teológico expressa a questão psicológica de se o ego depende do *Self* ou cria sua própria fé por meio de seu livre-arbítrio. A natureza da individuação instrui-nos de que um par de opostos tais como esses só se resolve por meio de uma terceira condição que os suplante. A questão básica é: será que o *Self* predetermina que o ego alcançará a salvação (individuação), ou a ação livre do ego individual a realiza? Jung diz:

---

210. Ibid., p. 297.

O *self*, como o inconsciente, é um existente *a priori* a partir do qual o ego se desenvolve. Trata-se de uma prefiguração inconsciente do ego. Não sou eu que me crio a mim mesmo, de preferência, ocorre-me ser casualmente a mim mesmo... Mas, por fundamental que seja, não pode ser metade da verdade psicológica. Se fosse toda a verdade, seria equivalente ao determinismo, pois se o homem fosse apenas uma criatura que veio a ser como conseqüência de algo que já existia inconscientemente, ele não teria nenhuma liberdade e não haveria nenhum objetivo na consciência. A psicologia deve ajustar contas com o fato de que, apesar do nexo causal, o homem não usufrui um sentimento de liberdade, idêntico à autonomia da consciência; por muito que se constate que o ego é dependente e condicionado previamente, não se pode persuadir de que não tenha liberdade. Uma consciência de preformação absoluta e um ego totalmente dependente seriam uma farsa fora de propósito... A existência da consciência do ego só tem sentido se ele for livre e autônomo. Ao afirmar esses fatos, estabelecemos, é verdade, uma antinomia, mas a um só tempo demos um quadro das coisas como são... Na realidade, ambas as coisas sempre estão presentes: a supremacia do *self* e a *hybris* da consciência. Se a consciência do ego segue sua própria estrada exclusivamente, ela está tentando se tornar semelhante a um Deus ou um super-homem; mas o reconhecimento exclusivo de sua dependência só leva a um fatalismo infantil e a uma arrogância espiritual que nega o mundo e que é misantrópica.[211]

A passagem de Santo Agostinho citada anteriormente, que retrata os dois grupos predeterminados — um eternamente salvo e o outro eternamente condenado — é uma imagem vívida da psique cristã (e agostiniana) cindida. Ela retrata a dissociação na raiz de toda a era cristã. Para Agostinho, essa dissociação acabou por ocorrer com sua conversão na idade de 32 anos, de modo que seu conflito

---

211. *The Mysteries: Papers from the Eranos Yearbooks*, vol. 2, p. 324. Essa passagem, à exceção das duas últimas orações, também figura em "Transformation Symbolism in the Mass", *Psychology and Religion*, CW 11, par. 391.

entre corpo e espírito foi resolvido pela identificação com o espírito. Em outras passagens, Agostinho descreve a natureza do Juízo Final, uma situação em que os eternamente abençoados habitam uma camada do cosmos e os eternamente condenados, uma outra camada. Essas imagens mostram o triunfo máximo do maniqueísmo na alma de Agostinho, porque correspondem precisamente à imagem maniqueísta da natureza do cosmos: o domínio da luz e o das trevas que no final dos tempos nada terão que ver um com o outro; estarão totalmente separados.

A quinta doutrina é o preceito de *privatio boni*, uma conseqüência lógica da dissociação psíquica. Eis como Agostinho o descreve:

> Apesar de tudo, o que é qualquer coisa que chamemos má senão a privação do bem? Nos corpos animais, por exemplo, a doença e as feridas não são outra coisa além da privação da saúde. Quando dá-se a cura, os males que estavam presentes não se retiram e vão para outro lugar. De preferência, simplesmente não existem mais. Pois que semelhante mal não é uma substância; a ferida ou a doença é um defeito da substância corpórea... Assim, o mal é um acidente, uma privação daquele bem que se chama saúde. Destarte, quaisquer defeitos que haja numa alma são privações de um bem natural. Quando uma forma de cura acontece, eles não são transferidos para qualquer outro lugar... Não existem mais... Quando uma coisa se acha corrompida, sua corrupção é um mal porque ela é justamente isso, uma privação do bem. Quando não há nenhuma privação do bem, não há nenhum mal. Quando há mal, há uma diminuição correspondente do bem... Cada ser, na medida em que é um ser, é bom... Nada mau existe *em si mesmo*... Na medida em que uma coisa é um ente, ela é inquestionavelmente boa. Se é um ente incorruptível, é um grande bem. Mas mesmo que seja um ente corruptível, ainda não tem outro modo de existência senão como um aspecto de algo que é bom.[212]

---

212. *Enchiridion*, III, pp. 343ss.

Jung escreveu muito contra a doutrina da *privatio boni*.[213] Num prefácio ao livro do padre Victor White, *God and the Unconscious*, Jung descreve como a doutrina chamou-lhe a atenção através de um paciente que estava usando a doutrina da *privatio boni* como uma desculpa para viver alguns aspectos de sua sombra. Ele então critica sucintamente o preceito em bases psicológicas. Salienta que, com certo entendimento dos opostos, a pessoa não pode postular um oposto e eliminar o outro. Ele prossegue:

> Por tais razões, senti-me impelido a contestar a validade da doutrina da *privatio boni* no que tange ao domínio empírico. Pelas mesmas razões, também critico a máxima derivada da *privatio boni*, a saber [todo bem promana de Deus, todo mal, do homem]; pois que, de um lado, o homem está privado da possibilidade de fazer algo bom, e, do outro, recebe o poder tentador de fazer o mal...
>
> A crítica só pode ser aplicada aos fenômenos psíquicos, i. e., a idéias e conceitos, e não a entes metafísicos. Estes só podem ser confrontados com outros entes metafísicos. Daí minha crítica ser válida *só nos limites do domínio empírico*.[214]

Jung considera que uma pessoa não pode fazer quaisquer afirmações válidas acerca de qualquer domínio exceto o empírico. Do ponto de vista da psicologia empírica, a *privatio boni* é uma perversão do pensamento abstrato, na verdade. Embora seja obviamente apropriada à natureza da era cristã, desde que foi adotada, e ainda seja a visão predominante, ela deverá ser substituída na era que está por vir.

Pode-se dizer que a doutrina da *privatio boni* equivale a um estágio num processo que desdobrou-se na psico-história arquetípica. Primeiramente, vieram à luz o maniqueísmo e outros sistemas gnósticos dualistas que separavam radicalmente espírito e matéria, bem e mal,

---
213. Há uma análise do assunto em *Aion*, CW 9ii, par. 80.
214. *Psychology and Religion*, CW 11, pars. 458s.

mas que não negavam ao mal a realidade plena de um princípio cósmico. Ele era levado a sério. Então, veio Agostinho, o maniqueísta se tornou o cristão que teve de desacreditar o dualismo maniqueísta a fim de apoiar sua própria posição. Ele "solucionou o conflito dualista temporariamente, negando ao mal qualquer realidade essencial, e essa solução sobreviveu por muitos séculos. O terceiro estágio nesse processo histórico deriva da Psicologia Analítica de Jung, que fornece um terceiro reconciliador aos dois anteriores, demonstrando empiricamente a natureza dúplice da imagem-de-Deus paradoxal, que traz em si o bem e o mal, os dois opostos, lado a lado. Esses opostos se tornam problemáticos apenas quando tocados por um ego consciente que os faz separar-se e que então tem de lidar com o conflito que aflorou.

Santo Agostinho possuía uma imaginação simbólica brilhante, que ele aplicou às Escrituras, sobretudo aos Salmos. Um exemplo é sua elaboração simbólica dos seis dias da Criação. Em seus comentários sobre os Salmos, ele fala dos seis dias em termos de seis idades na história bíblica. Esta citação foi tirada de seu comentário sobre o Salmo 92:

> Como por esse motivo Deus criou o homem à Sua própria imagem no sexto dia, assim também achamos que nosso Senhor Jesus Cristo veio na sexta idade, para que o homem se pudesse formar de novo segundo a imagem de Deus. Porque o primeiro período, como o primeiro dia, foi de Adão até Noé; o segundo, como o segundo dia, de Noé até Abraão; o terceiro período, como o terceiro dia, de Abraão até Davi; o quarto período, como o quarto dia, de Davi até a retirada para a Babilônia; o quinto período, como o quinto dia, da retirada para a Babilônia até a pregação de João. O sexto dia começa com a pregação de João e dura até o fim; e depois do final do sexto dia, alcançamos nosso repouso. O sexto dia, portanto, está até agora se passando.[215]

---

215. V. Bourke, org., *The Essential Augustine*, p. 224.

Ele continua a desenvolver essas imagens em *A Cidade de Deus*, em que os seis dias se referem a níveis da consciência humana. Jung faz comentários sobre esse passo em "The Spirit Mercurius":

> Assim, com Agostinho, o primeiro dia da criação começa com o autoconhecimento... pelo que se entende um conhecimento não do ego mas do *self*, aquele fenômeno objetivo do qual o ego é o sujeito. Então, seguindo a ordem dos dias da criação no Gênesis, vem o conhecimento do firmamento, da terra, do mar, das plantas, das estrelas, dos animais, da água e do ar e, por fim, no sexto dia, o conhecimento dos animais da terra e do... próprio homem. O [conhecimento da aurora] é o autoconhecimento, mas o [conhecimento da noite] é o conhecimento do homem. Do modo como Santo Agostinho o descreve, o [conhecimento da aurora] aos poucos envelhece à proporção que se perde nas "dez mil coisas" e por fim chega ao homem... Seu sentido real é o de que o autoconhecimento é... uma luz matinal revelada depois de uma noite durante a qual a consciência esteve adormecida, envolvida nas trevas do inconsciente; mas o conhecimento que aflora com essa primeira luz por fim e inevitavelmente se torna... o conhecimento do homem, que pergunta a si mesmo: "Quem é que conhece e entende todas as coisas? Ora, sou eu mesmo." Isso assinala a vinda das trevas, das quais aflora o sétimo dia, o do descanso: "Mas o repouso de Deus significa o repouso dos que repousam em Deus." O domingo é, pois, o dia em que o homem torna a Deus e recebe de novo a luz do [conhecimento da aurora]. E esse dia não tem noite...
>
> A mim me parece que Santo Agostinho apreendeu uma grande verdade, a saber, que toda verdade espiritual a pouco e pouco se torna algo material, não se convertendo em outra coisa senão em um instrumento na mão do homem. Em conseqüência disso, o homem dificilmente deixa de ver-se a si mesmo como um conhecedor, sim, até como um criador, com possibilidades ilimitadas a seu comando. O alquimista foi fundamentalmente esse tipo de pessoa, mas muito menos do que o homem moderno. Um alquimista ainda poderia orar: "Purga as trevas terríveis de nossa mente", mas o homem mo-

derno já se encontra a tal ponto imerso nas trevas, que nada além da luz de seu próprio intelecto lhe ilumina o mundo... Isso com certeza explica por que essas coisas estranhas estão acontecendo a nossa civilização tão enaltecida, mais como um *Götterdämmerung* do que como qualquer crepúsculo normal.[216]

Por fim, a doutrina do amor proposta por Agostinho. Provavelmente, a afirmação mais conhecida de Agostinho é "Ama e faze o que desejares". Ele escreve:

> Quando olhamos para ações divergentes, descobrimos que a benevolência pode fazer com que um homem fique furioso, e a iniqüidade, com que fale serenamente. Um jovem pode ser espancado pelo pai e ouvir palavras de afeto da boca de um mercador de escravos. Devêssemos escolher entre golpes e palavras de lisonja, quem dentre nós não escolheria as palavras afetuosas e renunciaria aos golpes? Porém, se atentarmos para as pessoas de quem eles vêm, será a benevolência que castiga e a iniqüidade que congraça. Percebes o que defendemos, que os atos dos homens só são discernidos de acordo com sua raiz na benevolência. Muito se pode fazer que pareça bom, mas que, no entanto, não provenha da raiz da benevolência... Alguns atos parecem cruéis ou selvagens, mas são realizados para a nossa disciplina segundo ditame da benevolência. Assim, um preceito breve e simples te é dado de uma vez por todas: Ama, e faze o que desejares. Se guardares silêncio, guarda-o por amor; se exclamares, faze-o por amor; se corrigires, corrige por amor; se evitares, evita por amor. Que a raiz do amor esteja dentro em ti, e dessa raiz nada exceto o bem possa brotar.[217]

Isso soa bem, com uma advertência considerável. Será que sabemos, até às próprias raízes de nosso ser, que nossa motivação é na

---

216. "The Spirit Mercurius", *Alchemical Studies*, CW 13, pars. 301ss.
217. "Homily on I John", em *Library of Christian Classics*, vol. 8., p. 316.

verdade amor? Não existe nenhuma sombra inconsciente que possa estar contaminando o que julgamos seja o amor? Essa fórmula, apesar de tudo, poderia ter sido usada para justificar a Inquisição. Há uma alternativa psicológica, que também não deixa de apresentar riscos. A alternativa psicológica seria: "Seja consciente e faça o que tiver vontade." Evidentemente, a mesma advertência se aplica: é possível estar certo das motivações? Não obstante isso, ela talvez seja melhor do que a fórmula de Santo Agostinho.

# 12

# Conclusão

Os capítulos anteriores exploraram as conseqüências psicológicas da erupção de um arquétipo na psique coletiva dois mil anos atrás. Esse foi o arquétipo do Filho de Deus também chamado Cristo o Ungido. Esse símbolo profundo representa a encarnação da imagem da Divindade na manifestação terrena visível, uma descida da imagem-de-Deus na forma humana a fim de resgatar a humanidade do estado de pecado e trevas.

Observamos que os efeitos dessa erupção arquetípica formaram-se em duas correntes principais. Uma foi a série de sistemas gnósticos que enfatizaram o conhecimento e a experiência individual na forma de porta para a redenção, e a outra vertente foi a formulação eclesiástica que enfatizou a fé e a amável comunhão com companheiros de fé num contexto coletivo. Foi essa segunda vertente que levou por fim ao estabelecimento da Igreja Católica ortodoxa.

Durante certo período de tempo, deu-se um conflito amargo entre as duas abordagens, batalha iniciada primeiramente no lado eclesiástico. A conseqüência foi a vitória para as forças eclesiásticas, e, como tantas vezes ocorre aos vitoriosos, eles erradicaram todos os remanescentes de seu inimigo no grau em que puderam fazer isso. A literatura gnóstica foi sistematicamente destruída, em conseqüência do que não tivemos virtualmente nenhum conhecimento genuíno do material gnóstico por cerca de 1.700 anos. Só no século XIX foi que alguns textos gnósticos originais começaram a aflorar das profundezas da terra, e, depois disso, o século XX testemunhou algumas descobertas notáveis dos antigos documentos gnósticos. Existe decerto um elemento de sincronicidade no fato de que esses textos só viessem à luz agora, numa época em que a humanidade está pronta para recebê-los, por assim dizer.

Assim, a vertente eclesiástica cristalizou-se na Igreja Católica, que, por sua vez, assimilou os fragmentos das ruínas do Império Romano e incorporou grande parte de sua estrutura administrativa. Com essa assimilação, a Igreja foi preparada para sobreviver à Idade Média e a funcionar como uma crisálida a partir de que nasceu a civilização ocidental. Assim, a era cristã se desenvolveu.

Jung desenvolvera o tema da natureza psicológica da era cristã muito extensamente em seu livro *Aion*. O traço fundamental dessa psicologia, que foi estabelecida nos primeiros séculos e que se perpetuou do começo ao fim da era, é uma cisão radical entre espírito e matéria, e entre alguns outros opostos tais como bem e mal, Cristo e Anticristo, masculino e feminino. A imagem-de-Deus eclesiástica que veio à luz era trinitária, e essa Santíssima Trindade recebeu a oposição de um tipo de trindade do inferno — o mundo, a carne e o demônio. Podemos entender esse desenvolvimento histórico como um processo necessário por meio do qual a discriminação dos opostos ocorreu na psique coletiva. A conseqüência dessa discriminação foi que um sólido princípio espiritual foi estabelecido, separado do princípio da natureza e do instinto que regeu o período mais tardio do Império Romano numa forma degradada; contudo, no seu devido tempo, a cisão entre espírito e matéria, conquanto necessária em um estágio, começou a desenvolver seus problemas particulares. Não deu provas de ser nenhum estado final satisfatório.

Jung demonstrou em *Aion* de que modo a antítese do Cristo-Anticristo, simbolizada pelos dois peixes na constelação de Peixes, se realizou historicamente à proporção que se desenvolvia a era cristã. Durante o primeiro milênio, predominou o peixe simbolizando Cristo, e, durante essa época, a Igreja emergiu triunfante e tornou-se a autoridade espiritual da civilização européia a que dera à luz; mas durante o segundo milênio, a Igreja apoiou toda uma série de agressões. Houve escândalos no Papado, houve Reforma Protestante, revolução científica, houve o deísmo e o Iluminismo do século XVIII e por fim, no século XIX, o *coup de grace* foi desferido pelo surgimento das idéias de Marx, Darwin, Nietzsche e Freud — significativamente, uma quaternidade, não uma trindade.

Atualmente, no território da vertente eclesiástica que triunfou um dia, o corpo de Cristo se acha desmembrado. Há mais de quatrocentas denominações diversas, reduzindo a Igreja a uma agregação desses grupos conflitantes. Embora seu conflito cruento seja bastante mitigado no presente em comparação à sua intensidade alguns séculos atrás, pouca importância é-lhe atribuída, sobretudo por causa da impotência e da irrelevância dos contendores, que não desempenham mais o papel no mundo real desempenhado pela Igreja um dia. O secularismo racionalista e o materialismo científico governam o mundo moderno, e tudo isso é simbolizado pela imagem do domínio de Cristo sendo substituído pelo domínio do Anticristo.

Como Jung expressa em *Aion*, um divisor de águas ocorreu em cerca de 1500 d.C., uma época decisiva em que a imagem-de-Deus decaiu do céu e para a psique humana. Isso significa que ela mudou de projeção em sistemas metafísicos para encarnação no domínio humano, onde poderia ser encontrada diretamente. Esse evento assinalou uma vasta energização da humanidade. Todas as grandes formas de iniciativa do mundo moderno começaram nessa época: a Reforma, o Renascimento, a exploração geográfica, a investigação científica, a redescoberta da cultura antiga, o renovado interesse na tecnologia. Quando a imagem-de-Deus passou à psique humana, ela também induziu a humanidade a uma vasta soberba, uma valorização excessiva do ego humano em tal escala, que o mundo ora se acha à beira da catástrofe. Todos esses fenômenos, como Jung salientou, são manifestações do Anticristo. A era cristã é a era da cisão dos opostos; um oposto prevaleceu no primeiro milênio, o outro no segundo. A volta dos reprimidos ocorreu, poder-se-ia dizer, num grande nível psico-histórico.

Os antigos Padres da Igreja imaginaram o gnosticismo como pertencendo ao domínio do Anticristo, e essa é a razão de o terem atacado com semelhante vigor. Para eles, o gnosticismo pertencia ao domínio do mal, ainda que a maior parte das seitas gnósticas partilhassem o imaginário da Igreja quanto à dissociação do bem e do mal. Apesar dessa semelhança, o imaginário gnóstico não assegurou a numinosidade à matéria nem ao domínio das trevas em virtude de seu mito da luz aprisionada na escuridão. Isso significou que os gnósticos tiveram de prestar atenção ao domínio do mal e das trevas, visto que a luz preciosa estava aprisionada nelas. Os gnósticos também as respeitavam o bastante para assegurar a esse domínio o *status* de um princípio cósmico. Não concordaram com a idéia de *privatio boni*, de que o mal não era outra coisa senão a falta de algo mais.

Por essa razão, o simbolismo gnóstico pelo menos traz em si as sementes latentes da reconciliação entre a natureza e o espírito, apesar do fato de a maior parte dos gnósticos se acharem justamente tão dissociados quanto a seus colegas eclesiásticos ortodoxos, ou ainda mais que eles. Esse imaginário de reconciliação possível torna significativo que, apesar de todos os esforços da Igreja, o gnosticismo não tenha desaparecido completamente. Embora ele fosse subjugado e não fosse mais um fator na vida consciente do coletivo, passou despercebido psiquicamente e emergiu de novo de maneira apropriada em alguns dos séculos subseqüentes.

O maniqueísmo, por exemplo, sobreviveu em todos os grupos longínquos na Europa oriental e por fim surgiu de novo com alguma força no movimento cátaro do século XII no sul da França. Algumas imagens gnósticas também vieram à tona na Cabala Judaica, mas as principais evidências da sobrevivência do gnosticismo subterrâneo se acham no desenvolvimento da alquimia, a começar com a alquimia grega em Alexandria, seguida da alquimia árabe na Idade Média e do florescimento da alquimia latina de cerca do século XII ao século XVII.

Jung resgatou a alquimia da pilha de lixo da história, onde a havia depositado a mente moderna, e ele a tornou acessível à nossa compreensão. Apresentando suas descobertas em *Psychology and Alchemy*, livro publicado pela primeira vez em 1944, ele começa com um capítulo que revela a profundidade e o alcance de sua visão. Ele escreve:

> A questão é que a alquimia se parece um pouco com uma subcorrente quanto à Cristandade, que governou na superfície. Ela é para essa superfície como o sonho é para o consciente, e assim como o sonho compensa os conflitos da mente consciente, assim também a alquimia se empenha em preencher as lacunas deixadas pela tensão cristã dos opostos.[218]

Dois mil anos atrás, uma nova imagem-de-Deus nasceu. Seu traço essencial é que ela se manifesta na forma humana; é a Divindade encarnada a fim de levar a efeito um processo de redenção. Quando essa revelação foi desenvolvida através de séculos de esforços, ela revelou-se como tendo uma estrutura tríplice — um Pai, Filho e Espírito Santo ao mesmo tempo. Um debate apaixonado se estendendo por séculos ocorreu no que concerne à natureza dessa Trindade. Algumas das perguntas foram: qual a relação entre o Pai e o Filho? Seria o Filho idêntico ao Pai, ou estaria ele subordinado ao Pai em algum aspecto? Era a encarnação do Filho uma união total com a carne humana, ou teria sido mitigada e menos do que total de alguma forma? Ou foi só uma aparente adoção da carne? Então, houve a ques-

---

218. CW 12, par. 26. Ver meu *A Psique na Antigüidade, Livro Um: Primórdios da Filosofia Grega*, cap. 12, para mais um exame das idéias de Jung sobre a dimensão histórica da alquimia.

tão da relação do Espírito Santo com o Pai e com o Filho. Será que o Espírito Santo surgiu apenas do Pai ou veio tanto do Pai como do Filho? Essas perguntas eram inevitáveis porque a própria idéia da Santíssima Trindade constituía um paradoxo irracional, visto que fazia a afirmação de que uma unidade era a um só tempo uma multiplicidade. A doutrina da encarnação também foi um paradoxo irracional, porque proclamou que Jesus Cristo era simultaneamente de todo humano e de todo divino. A controvérsia é inevitável toda vez que a mentalidade racional tenta se engalfinhar com irracionalidades como essas.

Os psicólogos estão interessados no sentido desses eventos e controvérsias. Por que foram tão acirrados? Por que foi necessário à psique coletiva postular essas idéias ilógicas para começar, e depois por que as diversas facções se bateram por elas de modo tão apaixonado? Agora, podemos responder essa pergunta, porque nos é dado entender que essas imagens se referem ao problema mais importante na psicologia humana, qual seja o da relação entre o ego e o *Self*. De um ponto de vista psicológico, a primeira pergunta seria, existe algo semelhante a um ente transpessoal, uma imagem-de-Deus? Em segundo lugar, teria o ego quaisquer perspectivas de ligação com esse ente transpessoal? E em terceiro lugar, se tinha, qual é essa relação? A importância fundamental dessas perguntas na existência humana pode de pronto explicar o debate apaixonado acerca da natureza da Santíssima Trindade que transcorreu nos primeiros séculos da era.

As afirmações concernentes à Trindade são paradoxos porque a relação do ego com o *Self* é, em si mesma, um paradoxo. A experiência do *Self* realiza a percepção dessas antinomias na forma de livre-arbítrio *versus* determinismo, por exemplo. Vimos que essa questão veio à luz no contexto religioso com respeito à natureza da relação de Deus com o homem. O mesmo problema é relevante no contexto psicológico, enquanto tentamos entender a relação do ego com o *Self*. Segundo a estrutura religiosa tradicional, o paradoxo pode ser reconciliado só por meio de um ato de fé, pois, para a mente moderna, essa forma não está mais disponível. Jung escreve:

> Não espero que nenhum cristão que tenha fé continue indo ao encalce desses meus pensamentos, pois eles provavelmente lhe parecerão absurdos. Não estou, contudo, reportando-me aos possuidores felizes da fé, mas aos muitos para quem a luz se apagou, o mistério desvaneceu-se e Deus está morto. Para a maioria dessas pessoas não há retorno, e não se sabe sequer se voltar é sempre o melhor caminho. Para conseguir certa compreensão dos assuntos religiosos, provavelmente tudo o que nos resta hoje é a abordagem psicológica. Eis por que me ocupo dessas formas de pensamento que se fixaram historicamente, tento fundi-las de novo e despejá-las em moldes de experiência imediata.[219]

Perseguindo esse estudo da experiência imediata no começo de uma nova era, Jung demonstrou que a imagem-de-Deus empírica não é uma trindade, mas uma quaternidade. Jung analisa esse tema extensamente em seu ensaio sobre a Trindade em *Psicologia e Religião*. Há dois aspectos do imaginário da trindade, a depender de se se refere a uma estrutura ou a um processo. Na teologia cristã, a referência é em grande parte à estrutura da Divindade, e isso significa que a Divindade é abstrata, um tipo de quaternidade amputada, a que falta o quarto elemento, que é necessário para levá-la à realidade concreta. A imagem-de-Deus trinitária é um produto do pensamento e não é ainda uma realidade concreta; todavia, quando a imagem da Trindade é considerada um processo, vê-se um quadro diferente. Os processos são movimentos no tempo, e todos os processos realizam-se numa seqüência tríplice: começo, meio e fim. Em termos psicológicos, a trindade como um processo e o simbolismo do número três se referem à condição do ego [*egohood*], do modo como é contrastado com o número quatro que pertence ao *Self*. O ego existe no tem-

---

219. "Psychology and Religion", *Psychology and Religion*, CW 11, par. 148.

po. O espaço e o tempo como formas de percepção são a essência do ego, a base de sua real existência.

A manifestação histórica no espaço e no tempo está implicada no simbolismo da Divindade cristã como uma trindade. Isso foi expresso por Montano no século II, e depois por Joaquim de Flora no século XII. Cada um descreveu a Trindade como uma série de estágios históricos, a era do Pai correspondendo ao período do Antigo Testamento, a era do Filho correspondendo ao período do Novo Testamento, e a era do Espírito Santo descrita por Montano em termos dele mesmo como o Espírito Santo, o Paráclito. Joaquim de Flora foi mais modesto. Ele julgou que o Espírito Santo se manifestasse numa nova comunidade monástica, começando em sua época. Do ponto de vista psicológico, é bem provável que digamos que a era do Espírito Santo está começando conosco.

Esses três estágios, a era do Pai, do Filho e do Espírito Santo, também são passíveis de ser aplicados ao desenvolvimento psicológico do indivíduo. Jung expressa o seguinte em seu ensaio sobre a Trindade:

> [O mundo do Pai é] o homem em sua condição na infância... [Ele] tipifica uma era caracterizada por uma unidade prístina com a totalidade da Natureza [i. e., uma era muito distante do juízo crítico e do conflito moral].[220]

> [O mundo do Filho é] um mundo repleto de anseio por redenção e por aquele estado de perfeição em que o homem ainda era uno com o Pai. Ansiosamente, ele lembrou-se do mundo do Pai, mas ele se perdera para sempre, porque um aumento irreversível na consciência do homem ocorrera... e a fez independente.[221]

---

220. "A Psychological Approach to the Dogma of the Trinity", ibid., par. 201.
221. Ibid., par. 203.

O estágio do "Filho" é, pois, uma situação de conflito *par excellence*: a opção das vias possíveis é ameaçada pelas mesmas possibilidades de erro. "A liberdade quanto à lei" traz um recrudescimento de opostos.[222]

Essa mudança ocorre assim que o dois substitui o um; o dois, por sua própria natureza, incorpora o conflito ou a dúvida. Quando o três entra em cena, há uma mudança para o mundo do Espírito Santo. Jung escreve:

> O avanço para o terceiro estágio [o Espírito Santo] significa algo semelhante a um reconhecimento do inconsciente, se não subordinação real a ele... Assim como a transição do primeiro estágio para o segundo demanda um sacrifício da dependência infantil, assim também na transição para o terceiro estágio, uma independência exclusiva tem de ser abandonada.[223]
>
> Esse terceiro estágio... significa articular a consciência do ego de alguém com uma totalidade supra-ordinária, da qual não se pode dizer que é o "eu", mas que é mais bem visualizada como um ser mais abrangente.[224]

Essas idéias de Jung integram o simbolismo da Trindade como um processo temporal na psicologia da individuação; entretanto, a Trindade considerada como uma estrutura continua a ser uma quaternidade amputada ou abortiva, uma abstração a que falta realidade concreta. Como processo histórico coletivo e como formulação metafísica, a imagem-de-Deus encarnou-se — na Igreja e na teologia cristã; mas, no que concerne à psicologia do indivíduo, essa encarnação ainda não ocorreu. Pois o indivíduo é apenas uma abstra-

---

222. Ibid., par. 272.
223. Ibid., par. 273.
224. Ibid., par. 276.

ção metafísica e ainda não é uma realidade experiencial. O processo de encarnação foi incompleto e agora deve ser levado adiante. Jung comenta:

> A civilização cristã deu mostras de ser vazia num grau terrível: é apenas aparência, mas o homem interior continuou intato e, portanto, inalterável. Sua alma não está em sintonia com suas crenças exteriores; nela o cristão não acompanhou o ritmo dos desenvolvimentos exteriores... Dentro reinam os deuses arcaicos... ou seja, a correspondência interior com a imagem-de-Deus [cristã] exterior não se desenvolveu... Muito poucas pessoas tiveram a experiência da imagem divina como a posse mais íntima de sua alma. Cristo só as encontra de fora... Enquanto a religião só é fé e forma exterior, e a função religiosa não é experienciada em nossa própria alma, nada de alguma importância aconteceu. Ainda é preciso entender que o *mysterium magnum* não é só uma realidade mas está, antes de tudo, enraizado na psique humana... é a tarefa fundamental de toda educação (dos adultos) transmitir o arquétipo da imagem-de-Deus, ou suas emanações e efeitos, para a mente consciente.[225]

[A Cristandade] foi fundada na percepção de símbolos lançados pelo processo de individuação inconsciente que sempre se estabelece quando os dominantes coletivos da vida humana caem em decadência. Numa época como essa, é preciso que haja um número considerável de indivíduos possuídos de arquétipos de natureza numinosa que abrem caminho até a superfície a fim de formar novos dominantes. Esse estado de possessão mostra-se quase sem exceção no fato de que os possuídos se identificam com o conteúdo arquetípico... eles exemplificam esse conteúdo concretamente em sua vida, tornando-se assim profetas e reformadores. Na medida em que o conteúdo arquetípico do drama cristão logrou dar expressão satisfatória ao inconsciente intranquilo e clamoroso dos muitos, o

---

225. *Psychology and Alchemy*, CW 12, pars. 12ss.

*consensus omnium* elevou esse drama a uma verdade universalmente tácita — não, evidentemente, por um ato do juízo, mas pelo fato irracional da possessão, muito mais eficaz. Assim, Jesus tornou-se a imagem tutelar ou amuleto contra os poderes arquetípicos que ameaçavam possuir a todos. As boas novas anunciavam: "Aconteceu, mas não vai acontecer a você, já que você acredita em Jesus Cristo, o Filho de Deus!"; no entanto, poderia e pode e irá acontecer a qualquer um em quem o dominante cristão tiver decaído.[226]

Por outras palavras: quando, como no mundo ocidental de hoje, uma imagem-de-Deus em funcionamento morre, decai de sua projeção metafísica, ela não está mais disponível para resguardar alguém do numinoso. O perigo então é que o arquétipo em atividade pode tornar-se identificado com o ego. Este infla. Jung diz:

> O ego individual é muito pequeno, seu cérebro é por demais frágil, para incorporar todas as projeções retiradas do mundo. O ego e o cérebro cindem-se ao meio no esforço; o psiquiatra chama isso de esquizofrenia. Quando Nietzsche disse "Deus está morto", expressou uma verdade válida para a maior parte da Europa. As pessoas foram influenciadas por isso não porque ele assim disse, mas porque isso afirmava um fato psicológico difundido. As conseqüências não tardaram a vir: depois da neblina de "ismos", a catástrofe. Ninguém pensou em tirar a menor conclusão do pronunciamento de Nietzsche; no entanto, a alguns ouvidos, ele tem o mesmo som soturno daquele antigo grito que veio ecoando sobre o mar para marcar o fim dos deuses da natureza: "O grande Pã está morto."[227]

Jung prossegue destacando que essa é a situação em que hoje estamos. Nosso dominante mitológico coletivo feneceu, e agora deparamos as energias dessa figura arquetípica em sua forma não media-

---

226. Ibid., par. 41.
227. "Psychology and Religion", *Psychology and Religion*, CW 11, par. 145.

da. O problema é entender a situação satisfatoriamente, de sorte que não caiamos na identificação inflada com ela — o que é, em grande parte, o estado da mente moderna. Jung continua:

> Em última análise, toda vida individual é ao mesmo tempo a vida eterna das espécies. O indivíduo é continuamente "histórico" porque estritamente limitado pelo tempo... Já que a vida de Cristo é arquetípica num grau elevado, ela representa justamente nesse grau a vida do arquétipo; mas, de vez que o arquétipo é a condição prévia inconsciente de cada vida humana, sua vida, quando revelada, também revela a vida fundamental, oculta e inconsciente de cada indivíduo. Ou seja, o que ocorre na vida de Cristo sempre ocorre, e em toda parte. No arquétipo cristão, todas as vidas desse tipo são prefiguradas e expressas repetidas vezes ou de uma vez por todas. E nele, também, a questão que nos ocupa aqui, a da morte de Deus, é antecipada de forma perfeita. O próprio Cristo é típico Deus agonizante e em autotransformação.[228]

O próprio mito cristão retrata a morte de Deus, e, se a entendemos corretamente, ela fala ao problema moderno. Cristo a encarnação de Deus morreu na cruz, e no entanto, na manhã de Páscoa, quando as mulheres foram à sua tumba, foi-lhes dito, "Por que buscais entre os mortos aquele que está vivo? Não está aqui, mas ressuscitou".[229] Jung se reporta a esse passo:

> Essa é uma experiência característica que se repetiu muitas vezes, e sua expressão portanto ocupa um lugar central no mistério cristão. A morte ou perda sempre deve se repetir: Cristo sempre morre e sempre nasce; pois a vida psíquica do arquétipo é intemporal em comparação com nossa limitação individual quanto ao tempo... O presente é um tempo da morte e desaparecimento de Deus. O mi-

---

228. Ibid., par. 146.
229. Lucas 24:5s; Bíblia do Rei Jaime.

to diz que ele não devia ser encontrado onde o seu corpo foi deixado. "Corpo" significa a forma exterior, visível, o ambiente antigo mas efêmero para o valor mais elevado. O mito além disso diz que o valor veio de novo à luz de modo miraculoso, transformado. Ele semelha um milagre, pois, quando o valor desaparece, sempre parece ter-se perdido irrecuperavelmente. Assim, é bastante improvável que retorne. A descida de três dias ao inferno durante a morte descreve o afundamento do valor desvanecido no inconsciente, onde, conquistando o poder das trevas, estabelece uma nova ordem e depois ascende de novo ao céu, ou seja, alcança a suprema lucidez da consciência. O fato de que só algumas pessoas vêem o Ressuscitado significa que nenhuma dificuldade reduzida se posta no caminho de encontrar e reconhecer o valor transformado.[230]

Aqui está a resposta, no próprio mito cristão, para nosso dilema religioso atual. Nietzsche anunciou que para nós Deus está morto; porém, se esse fato é entendido psicologicamente, podemos perceber que o mito cristão já havia previsto esse acontecimento. Assim como Cristo morreu e ressuscitou no mito, também o corpo de Cristo, a massa da humanidade ocidental que viveu em refreamento nesse mito, pode esperar repetir o padrão: ou seja, ter a experiência de uma morte espiritual seguida de uma ressurreição. O que isso quer dizer? Agora, é possível entender que a imagem-de-Deus por que vivemos, cuja perda nos condenou à morte espiritual do sem sentido, será resgatada num novo nível de consciência.

O tema fundamental do mito cristão é a encarnação da imagem-de-Deus, e Jung resgatou esse tema por meio de sua compreensão de que o processo de individuação corresponde à contínua encarnação da imagem-de-Deus. Em "Resposta a Jó", ele diz:

Sempre nos foi ensinado que a Encarnação foi um evento histórico único. Não se deveria esperar nenhuma repetição dele... A úni-

---

230. "Psychology and Religion", *Psychology and Religion*, CW 11, par. 149.

ca fonte de revelação, e, portanto, a autoridade final, é a Bíblia. Deus é uma autoridade só na medida em que ele autorizou os escritos no Novo Testamento, e com a conclusão do Novo Testamento as comunicações autênticas de Deus cessam... [Mas Cristo disse aos seus fiéis que eles] são os filhos de Deus e "herdeiros iguais com Cristo". Quando Cristo deixar o estágio terreno, pedirá a seu pai que envie a seu rebanho um Conselheiro (o "Paráclito"). ... O Conselheiro é o Espírito Santo, que será enviado do pai. Esse "Espírito da verdade" ensinará aos fiéis "todas as coisas" e os guiará "para toda verdade". De acordo com isso, Cristo imagina uma contínua realização de Deus em seus filhos, e, por conseguinte, em seus (de Cristo) irmãos e irmãs no espírito.[231]

A Encarnação de Deus em Cristo requer continuação e conclusão porque Cristo, devido ao fato de ter nascido de uma virgem e à sua condição sem pecado, não foi absolutamente um ser humano empírico...
 A atividade contínua e direta do Espírito Santo sobre os que são chamados para ser os filhos de Deus implica, com efeito, um processo de encarnação que se alarga.[232]

Esse conceito de encarnação contínua fornece um vínculo de ligação entre a mitologia da era cristã e a da nova era que está prestes a nascer. Como diz Jung,

de regra, a idéia diretriz de uma nova religião advém do simbolismo da religião que a precedeu. Por exemplo, a idéia diretriz de uma nova religião sucedendo a era cristã seria a de que todo mundo é Cristo, que Cristo é tão-só a projeção de um mistério inteiramente humano e que, na medida em que retomamos a projeção de Cristo em nós mesmos, cada um de nós é Cristo.[233]

---

231. "Resposta a Jó", ibid., par. 655.
232. Ibid., pars. 657s.
233. *The Visions Seminars*, vol. 2, p. 301.

Por outras palavras, o mito da encarnação de Cristo, que deve ter continuidade por meio da encarnação contínua, descreve simbolicamente o processo de individuação. Nesse processo, o ego humano tem um encontro com o *Self* transpessoal (uma experiência de Jó), o que gera um novo nível de percepção concernente à imagem-de-Deus. Essa nova consciência do ego reage reflexivamente sobre a imagem-de-Deus menos consciente, que agora se torna mais humanizada e desce até a relação cooperativa com o ego. Esse processo realiza uma totalidade psíquica cada vez maior, que cura as dissociações e reconcilia os opostos paradoxais que estiveram contidos na imagem-de-Deus inconsciente.

A conseqüência geral é que o ego e o *Self* se tornam uma unidade funcional em interação. O arquétipo é egoizado e o ego, arquetipizado, Deus se torna homem, e o homem, Deus, por assim dizer, em virtude de sua "consciência humana iluminada, que por isso adquire um significado metafísico e cósmico".[234]

---

234. Jung, *Letters*, vol. 2, p. 311.

# Bibliografia

Augustine, Aurelius. *The City of God*. Trad. Marcus Dods, Modern Library. Nova York: Random House, 1950.

———. *Enchiridion*. In *The Library of Christian Classics*, vol. 7. Trad. Albert C. Outler. Filadélfia: Westminster Press, 1955.

———. "Homily on I John." In *The Library of Christian Classics*, vol. 8. Filadélfia: Westminster Press, 1955.

Bigg, Charles. *Christian Platonists of Alexandria*. Orig. pub. 1886. Reimpresso Nova York: Ames Press, 1970.

Bourke, V., org. *The Essential Augustine*. Indianápolis: Hackett Publishing Co., 1974.

Butterworth, G. W., trad. *Origen on First Principles*. Nova York: Harper and Row, 1966.

Chadwick, Henry, trad. *Augustine's Confessions*. Oxford, Nova York: Oxford University Press, 1992.

———. *The Early Church*. Edição revista. Londres: Penguin Books, 1993.

Daniélou, Jean. *A History of Early Christian Doctrine*. Trad. John Austin Baker. Filadélfia: The Westminster Press, 1973.

Edinger, Edward F. *Anatomy of the Psyche: Alchemical Symbolism in Psychotherapy*. La Salle, Il.: Open Court, 1985. [*Anatomia da Psique*, publicado pela Editora Cultrix, São Paulo, 1990.]

Edinger, Edward F. *The Christian Archetype: A Jungian Commentary on the Life of Christ.* Toronto: Inner City Books, 1987. [*O Arquétipo Cristão*, publicado pela Editora Cultrix, São Paulo, 1988.]

———. *The Creation of Consciousness: Jung's Myth for Modern Man.* Toronto: Inner City Books, 1984. [*A Criação da Consciência*, publicado pela Editora Cultrix, São Paulo, 1987.]

———. *Ego and Archetype: Individuation and the Religious Function of the Psyche.* Boston: Shambhala Publications, 1992. [*Ego e Arquétipo*, publicado pela Editora Cultrix, São Paulo, 1989.]

———. *Encounter with the Self: A Jungian Commentary on William Blake's Illustrations of the Books of Job.* Toronto: Inner City Books, 1986. [*O Encontro com o Self*, publicado pela Editora Cultrix, São Paulo, 1991.]

———. *The Living Psyche: A Jungian Analysis in Pictures.* Wilmette, IL: Chiron Publications, 1990.

———. *The Mysterium Lectures: A Journey through Jung's Mysterium Coniunctionis.* Toronto: Inner City Books, 1995.

———. *Transformation of the God-Image: An Elucidation of Jung's Answer to Job.* Toronto: Inner City Books, 1992.

Gibbon, Edward. *The Decline and Fall of the Roman Empire.* 3 vols. Ed. J. B. Bury. Nova York: The Heritage Press, 1946.

*The Grandes Heures of Jean, Duke of Berry.* Nova York: George Braziller, 1971.

Groebel, Kendrick, trad. *The Gospel of Truth.* Nova York: Abingdon Press, 1960.

Harnack, Adolf. *The History of Dogma.* Trad. N. Buchanan. Nova York: Dover, 1961.

*The I Ching or Book of Changes.* Trad. Richard Wilhelm. Traduzido para o inglês por Carey F. Baynes. Princeton, N. J.: Princeton University Press, 1972. [*I Ching, o Livro das Mutações*, publicado pela Editora Pensamento, São Paulo, 1983.]

Jonas, Hans. *The Gnostic Religion.* Boston: Beacon Press, 1963.

Jung, C. G. *C. G. Jung Speaking.* Ed. William McGuire e R. F. C. Hull. Princeton: Princeton University Press, 1977.

———. *The Collected Works* (Bollingen Series XX), 20 vols. Trad. R. F. C. Hull. Org. H. Read, M. Fordham, G. Adler, Wm. McGuire. Princeton: Princeton University Press, 1953-1979.

Jung, C. G. *Letters* (Bollingen Series XCV), 2 vols. Trad. R. F. C. Hull. Org. Gerhard Adler e Aniela Jaffé. Princeton: Princeton University Press, 1975.

―――. *Memories, Dreams, Reflections*. Org. Aniela Jaffé. Nova York: Random House, 1963.

―――. "Transformation Symbolism in the Mass." In *The Mysteries: Papers from the Eranos Yearbooks*, vol. 2. Nova York: Bollingen Foundation, Pantheon Books, 1955.

―――. *The Visions Seminars*. 2 vols. Org. James Jarret. Princeton: Princeton University Press, 1984.

MacRae, George W., trad. "The Gospel of Truth." In *The Nag Hammadi Library in English*. San Francisco: Harper and Row, 1977.

Mead, G. R. S. *Fragments of a Faith Forgotten*. Londres: John M. Watkins, 1931.

―――. Trad. *Pistis Sophia*. Londres: John M. Watkins, 1947.

Neumann, Erich. *The Origins and History of Consciousness* (Bollingen Series XLII). Princeton: Princeton University Press, 1969.

Pelikan, Jaroslav. *The Christian Tradition: A History of the Development of Doctrine*. Chicago: University of Chicago Press, 1971.

Puech, Henri-Charles. "The Concept of Redemption in Manichaeism." In *The Mystic Vision: Papers from the Eranos Yearbooks*, vol. 7. Nova York: Bollingen Foundation, Pantheon Books, 1955.

―――. "Manichaeism." In *Encyclopedia Brittanica*, 15ª ed., vol. 11.

Roberts, Alexander J., e Donaldson, James, orgs. *The Ante-Nicene Fathers*. Grand Rapids, MI: Wm. B. Eerdmans Publishing Co., 1986.

Schweitzer, Albert. *The Mysticism of Paul the Apostle*. Trad. William Montgomery. Nova York: The Seabury Press, 1968.

Smith, Morton. *The Secret Gospel*. Nova York: Harper and Row, 1973.

von Franz, Marie-Louise. *The Passion of Perpetua*. Irving, TX: Spring Publications, 1980.

Whiston, William, trad. *Josephus Complete Works*. Grand Rapids, MI: Kregel Publications, 1963.

Widengren, G. *Mani and Manichaeism*. Trad. Charles Kessler. Nova York: Holt, Rinehart and Winston, 1965.

# Índice Remissivo

Adão, 30-1, 68-9, 141, 175-76
   e Eva, 189
Agostinho, 181-200
   *A Cidade de Deus*, 198
   *Confissões*, 183
   conversão de, 182-85, 194
   doutrina(s) básica(s), 186-200
   *Enchiridion*, 186, 189
alegoria/alegórico, 114
*aletheia* (verdade), 94, 106. Ver também Valentino
aliança, 9
alma(s), 15, 18-9, 28, 69, 81, 83-4, 97-8, 104, 135, 139-40, 143, 150-54, 169, 173-74, 178, 195, 210
   acrescida ou complementar, 89-90. *Ver também* Basílides
alquímico/alquimista/alquimia, 53, 56, 58, 72-3, 77, 82-4, 90, 164, 174-78, 179-80, 185, 198, 205
amor, 199-200. *Ver também* Agostinho
ampliação/ampliar, 136-37
análise/analítico, 50, 52, 54, 92, 98-9, 102, 109. *Ver também* psicologia profunda; psicologia
anima, 56
animus, 48
anjo(s)/angélico(s), 85-8, 90
Anticristo, 202-04
Antigo Testamento, 60-4, 71, 79, 186. *Ver também* Bíblia; Novo Testamento
   Daniel, 10
   Eclesiastes, 55
   Enoch, 10
   Ezequiel, 10
   Gênesis, 190
   Isaías, 11
   Jeremias, 9
   Jó, 10, 171, 214
   Provérbios, 55
   Rute, 71
   Salmos, 2, 11, 30
   *Cântico dos Cânticos*, 55
*apocatastasis*, 139, 142-43
Aquele que Está de Pé, 45-6, 50, 53
arconte(s), 77-8, 79-80
arquetípico(a)/arquétipo(s), 9, 12-5, 19-21, 41-3, 47, 56-8, 77, 79, 81-2, 87-92, 108, 119, 138, 152, 156, 162, 167-68, 201, 210-15
   do número três, 79
   psico-histórica/psico-histórico, 7, 196, 204
árvore do conhecimento, 108, 176
   do mundo, 56
árvore do mundo, 56

bar Konai, Theodore, 175. *Ver também* Mani
Basílides de Alexandria, 76-92
   sistema teológico, 76, 78, 79
batismo, 12
Bíblia/Bíblico(a), 10, 108, 134-36, 197, 214. *Ver também* Evangelho(s); Novo Testamento; Antigo Testamento
Bigg, Charles: *Christian Platonists of Alexandria*, 111-12, 129
Blake, William, 171
Buda, 104, 165

Cabala, 204
Carpocratianos/Carpócrates, 120-24
Católico(a)/Catolicismo, 21-2, 29, 160, 181, 201-02
Chadwick, Henry, 183
   *The Early Church*, 186-88
ciência *vs.* religião, 21, 26
*circulatio*, 174-75
Clemente de Alexandria/Clementina, 57, 62, 89, 111-26, 132
   alegoria/alegórico(a), 114

carta sobre o Evangelho segundo São
  Marcos, 120-22
Considerações de Clemente, 45
"Exortação aos Gregos", 115-18
vida de, 111
coletiva, coletivo(s), 9, 22, 65, 87-8, 119, 149, 201, 209-11
  consciência/consciente, 21, 204
  inconsciente, 7, 21, 52, 88-90, 94-5
  psique, 7, 15, 21, 40-2, 43, 77, 88, 201-06
complexo, 50, 87-8, 156, 172
Concílio de Nicéia, 181
conhecimento, 107-08, 133, 202
*coniunctio*, 52-4, 177-80
consciência/consciente(s), 10, 20-1, 33-4, 41-2, 47-8, 50-2, 65-7, 81-91, 101-02, 104-06, 123-26, 133-36, 141-44, 170-78, 186, 190-200, 204-15
corpóreo(a)/corpo/encarnação, 40, 68-9, 73-4, 81, 83-4, 89, 109, 116, 123-24, 135-43, 151, 195, 203, 213. *Ver também* material
criação/criador, 49-50, 56, 61, 68-70, 74, 77, 85, 95, 99, 105-08, 122, 139, 141-45, 174-76, 180, 197
Cristo/Cristã(ão)/*Christos*, 11-20, 27-48, 59-60, 62-3, 67-82, 87-90, 95, 104-07, 112-19, 131-38, 142-44, 150-51, 157, 160-68, 176-86, 191, 194-97, 201-08, 209-15. *Ver também* Jesus
era, 7, 21, 95, 160-62, 168, 185, 194-96, 202-04, 214
crucificado/crucificação, 12, 17, 86, 105
cruz, 102
culpa, 178-79, 191

Demiurgo, 107
demônio, 12, 17, 47, 193
Deus/imagem-de-Deus, 7-20, 30-1, 36-7, 42, 46-7, 50, 56-7, 60-1, 68-9, 72, 90, 104, 117-18, 133-45, 151-53, 155-56, 159, 169, 173, 189-98, 201, 203-15. *Ver também* Self
  como filho 9-11, 36, 61
  como pai, 9, 36

Filho de, 9-15, 19-20, 25, 30, 32-6, 47, 61-2, 68-9, 77, 79-82, 86, 143-44, 149, 168, 171-73, 187-88, 201, 205-11
  o criador, 62-9, 71
  transformação de, 73, 100, 105, 145, 174, 179
dispensação, 30, 36, 61
divindade(s), 60-1, 76-7, 79, 94, 100, 133, 139-42, 186, 190-91, 201, 205-08
divino(a)/divinas, 10, 18, 20-1, 95
docetismo/docita, 73-4
Dulles, John Foster, 126

ego(s), 10, 15, 17-20, 32-3, 48, 52, 64-7, 72, 75, 79, 81-2, 84, 91, 95, 99-105, 119, 141, 159, 167-78, 188-94, 203-15
  desenvolvimento, 135, 143
encarnar/encarnação, 10, 14, 20, 38, 53-4, 66, 72-3, 100, 104, 141-42, 145, 160, 191, 201, 206, 209-15
*ennoia* (mente), 49-50, 52-3, 94. *Ver também* Simão Mago; Valentino
Éon(s), 98, 101, 104. *Ver também* era cristã; era
época, 79
*epoptia* (visão), 119. *Ver também* Clemente de Alexandria
era/éons, 21, 54, 94, 95, 103, 131, 160-62, 168, 185, 194-96, 202-06, 214
erro, 44, 101, 107-09, 189
escatológico, 10
escrituras hebraicas, 112, 191. *Ver também* Antigo Testamento
escrituras, 9, 112, 191, 197. *Ver também* Novo Testamento; Antigo Testamento
escravidão/escravo/cativo, 8, 29, 71
Esnick, 68. *Ver também* Márcion
Espírito Santo, 12-3, 95, 105, 134, 143-44, 154, 157-59, 187-88, 205-06, 208-09, 214
espiritualidade/espírito, 58, 64, 90, 95-7, 98, 104-05, 110, 131, 133-36, 138-41, 162, 164, 175, 185, 194-95, 202-04, 213-14
  *vs.* matéria/material, 63, 67, 170, 196, 202

Essênios, 12. *Ver também* Manuscritos do Mar Morto; Judeu(s)
Evangelho(s), 10, 62, 106, 112, 119-22, 131. *Ver também* Bíblia/ Novo Testamento; Antigo Testamento

Fariseu(s), 11, 23. *Ver também* Judeu(s)
Fausto, 44
fé, 30, 33, 43, 60, 131-33, 147, 149, 193, 201, 207, 210
   pai/padre(s), 62-3, 167-68
   Deus, 9, 13-4, 18-20, 30, 35-6, 68-9, 73-4, 81, 86, 106-10, 121-22, 133-34, 142-45, 158, 159-60, 168-69, 176, 206-07. *Ver também* imagem-de-Deus, 50-3, 77-80, 86, 94, 100, 103, 167, 187, 205-06
   Igreja, 43-5, 60-3, 112, 136-37, 146-47, 204
   pessoal, 167-69
Filho de Deus/do Homem, 9-12, 14, 19-20, 25, 30-7, 47, 61-3, 68-9, 75-6, 77-82, 85, 143-45, 149, 168, 171-73, 187-88, 201, 205-11. *Ver também* imagem-de-Deus
filiação(ões), 76-7, 78-82, 85. *Ver também* Basílides
filosofia(s) grega(s)/filósofo(s) grego(s), 112-14, 118. *Ver também Book One, Early Greek Philosophy*
fogo, 56
   árvore de, 56
Frend, W.H.C.: *The Early Church*, 146
Freud, Sigmund, 32, 65, 203
fronteira/limite(s), 95, 100-02
função transcendente, 16-7

Gibbon, Edwar: *The Decline and Fall of the Roman Empire*, 8, 147-48
Gnosticismo/Gnóstico(s)/gnóstica/gnose, 22, 42-7, 53-60, 88-93, 131-33, 149, 153, 166, 169, 173, 196, 201-02, 204
graça, 191-93. *Ver também* Agostinho
Groebel, Kendrick: *O Evangelho da Verdade*, 93, 109-10

Harnack, Adolf: *The History of Dogma*, 59, 62, 71, 131-32, 141
Helena de Tróia, 44, 50, 52-3
Hipólito, 49, 52, 56, 76, 80
Homem Primordial, 171-73. *Ver também* Mani
Homero, 98
*horos*, 95, 100-02

*I Ching*, 192
identificação, 46-8, 50, 65, 87-91, 119, 125-26, 190, 195, 210-12
Igreja(s), 21-5, 28-9, 39-40, 42-5, 57-8, 59-63, 73, 77, 93-4, 132-33, 136-38, 146-49, 158-59, 168, 181, 185-88, 203-04, 209
inconsciente(s)/inconsciência, 20-1, 41, 46-8, 50-2, 65-7, 73, 79, 81-4, 85, 94-5, 99, 102, 126, 143, 150, 154, 159, 170-72, 177, 190-92, 198-200, 209-15
   coletivo, 7, 21, 88-90, 94-5, 101-02
individuação, 10, 20, 39, 67, 72, 90, 105, 119, 126, 136, 143-45, 164, 173, 177, 180, 185, 209-10, 215
inflação/inflar/inflado, 32, 43, 48, 84, 91, 158, 190, 211
iniciado(s)/iniciação, 117-19, 136. *Ver também* Clemente de Alexandria; *teleios*
instinto, 90, 130, 162, 185, 202
inteireza/completude/integridade/totalidade, 20, 33-5, 42, 108-10, 119, 141-43, 175, 185, 190, 215
Ireneu, 74, 76, 86-8, 97
   "Contra Heresias", 122-24
Israel, 9-12, 45. *Ver também* Yahweh

Jardim do Éden, 32
Jesus, 10-9, 27-31, 36-7, 41-2, 48, 55, 62, 71-5, 80-2, 85, 104-05, 107, 122, 134, 137, 142-44, 158, 161, 165, 175-76, 197, 206, 211. *Ver também* Cristo/Cristã(ão)/*Christos*
Jó, 10, 171, 215
João Batista, 12, 48
Joaquim de Flora, 208

Jonas, Hans: *The Gnostic Religion*, 44, 47-9, 53, 56, 60, 95-104, 170-72, 176, 179
Josefo, 11
Judaica/Judaísmo/Judéia, 7-9, 12, 45, 112. *Ver também* Judeu(s)
Judeu(s)/Judaica, 9-15, 30-1, 38, 62-4
    Cabala, 204
    Essênios, 12
    Fariseus, 11, 23
    Saduceus, 11
    Zelotes, 12
Juízo Final, 19, 168, 195
Juízo/opinião, 19, 109, 168, 195
Jung, C. G., 29-30, 52, 92, 100, 117, 126, 141, 204
    *Aion*, 7, 80-4, 88, 153, 196, 202-03
    *C. G. Jung Speaking*, 16-9, 41-2, 48-9, 73-5
    *Civilization in Transition*, 123-24
    *Letters*/carta, 14-6, 26, 33, 66-7, 76, 105, 144-45, 165, 215
    *Memories, Dreams, Reflections*, 30, 92, 103
    *Mysterium Coniunctionis*, 52, 67, 73, 90, 126, 167, 173, 177, 191
    "A Psychological Approach to the Dogma of the Trinity", 208
    *Psychological Types*, 15, 131, 149
    *Psychology and Alchemy*, 174, 205, 210
    *Psychology and Religion*, 10, 20, 34, 125, 207, 211-13
    "Resposta a Jó", 152, 213
    "Sete Sermões aos Mortos", 76, 91-2
    "Sobre a Natureza da Psique", 90
    *Symbols of Transformation*, 8
    *The Archetypes and the Collective Unconscious*, 26-8
    *The Development of Personality*, 16-7
    *The Mysteries: Papers from the Eranos Yearbooks*, 194
    *The Practice of Psychotherapy*, 83
    "The Spirit Mercurius", 199
    *The Symbolic Life*, 41, 104, 159
    *The Vision Seminars*, 39, 214
    *Two Essays on Analitical Psychology*, 191
justificação pela fé, 30, 33. *Ver também* Paulo de Tarso

Lao-Tsé, 165
libido, 187
limite, 95, 100-02
livre-arbítrio, 193
livro da vida, 108
*Livro Tibetano dos Mortos, O*, 52
Logos, 17
luz/luminosidade, 16, 24-5, 54-5, 67, 81-2, 97, 112-13, 127, 138, 164-66, 168-79, 195, 198-99, 204

Mago, Simão. *Ver* Simão Mago
mal/má/mau, 44, 58, 169-70, 178, 189, 195-96, 204
mandalas, 102
Mani/maniqueísta(s)/maniqueísmo, 165-80, 182, 186, 195-97, 204
    sistema de, 168-70
    vida de, 165-67
Manuscritos do Mar Morto, 12
Márcion/Marcionitas, 59-62, 145
    Sistema, 68-71
Maria, 12, 74-5
material/matéria, 43-4, 50, 54, 58, 68-70, 72-4, 77, 80-2, 84, 97-101, 107, 139-42, 161, 173-75, 198, 204. *Ver também* corpo
    *vs.* espírito/espiritual, 63, 67, 170, 196, 202-03
Mead, G.R.S., 56-7, 68-71, 89
Messias/messiânico, 10-2, 16, 19, 43-5, 48
    como rei, 11, 19
    como servo, 11, 19
    mito do, 12-3
mistério(s), 48, 84, 87, 114-19, 132, 135. *Ver também* mistérios eleusinos
mistérios eleusinos, 114-19, 122. *Ver também* Clemente de Alexandria
Montanista(s)/Montano/Montanismo, 154, 157-60, 208. *Ver também* Tertuliano
morte, 7, 18, 31, 40-1, 157, 162, 212-13
Mosaica/Moisés, 9, 28, 30-7, 61, 77, 114
mutilação, 38-40

natureza, 204, 208-09
Neumann, Erich, *História da Origem da Consciência*, 50
neurose, 85
Nietzsche, Friedrich, 27-8
*nous*, 49-50, 51-3, 86, 94. *Ver também* Simão Mago; Valentino
Novo Testamento, 13, 60-1, 159, 186, 208, 214. *Ver também* Bíblia; Evangelho(s); Antigo Testamento
   Atos, 24-6, 142
   Efésios, 29, 88
   Gálatas, 26, 29-30
   Hebreu(s), 29-30, 36-7
   I Coríntios, 29, 40
   II Coríntios, 29
   João, 106, 137, 157
   Mateus, 48
   Pedro, 47
   Romanos, 29-31
numinoso(a)/*numinosum*/numinosidade, 24, 27, 29, 34, 40, 45-6, 67, 109, 204, 210-11

oposto(s), 48, 52, 79, 81-2, 85-92, 99, 123, 141-42, 167, 173, 175-80, 191, 193, 196-97, 202, 204-05, 209, 215
Orígenes, 29, 61, 127-45, 149
   castrou-se/castração, 127-31
   comentários sobre a Bíblia, 134-39
   "Homilia sobre os Números", 135
   "Primeiros Princípios", 19, 63, 131, 139-44
   teologia de, 131-32
   vida de, 127-30

padre Victor White: *God and the Unconscious*, 196
paixão(ões), 20, 60, 72-3, 80-2, 85, 89-90, 95-9, 104, 166
Paráclito, 13, 157-59, 165, 208, 214
Paulo de Tarso, 22-44, 61, 65, 69-71, 88, 166, 192-93
   conversão de, 24-6
   teologia de, 29-42
pecado original, 30-3, 189-91

pecado(s)/pecaminosidade/pecaminosa, 11, 25, 30-4, 37, 40, 44, 63, 80, 104, 120-26, 139, 141-43, 160, 178, 189, 201, 214. *Ver também* pecado original
Pedra Filosofal, 53, 180
Pedro, 47, 57, 120, 137, 142
Peixes, 202
Pelikan, Jaroslav: *The Christian Tradition*, 73-4, 157-58, 191-94
Pentecostes, 13
*perigrinatio*, 174-75
personalidade, 15, 27
*Pistis Sophia*, 54-5, 75
*pistis*, 33-5. *Ver também* fé
Platão/Platonismo, 118, 140, 182, 186, 191
Plotino, 182, 186, 191
predestinação, 193. *Ver também* Agostinho
*prima materia*, 82, 174. *Ver também* matéria
*privatio boni*, 195-96. *Ver também* Agostinho
profética, 9
projetado(a)/projeção(ões), 13, 38, 41, 45, 50, 73, 88-90, 103, 203, 210-12, 214
Protestante, 22, 29
psico-história/histórico, 7, 196, 204
Psicologia Analítica, 197
psicologia profunda, 95, 118, 159, 175
psicologia/psicológico(a), 10, 15-22, 26-32, 41, 46-8, 52, 56-8, 64, 71, 75, 79, 82, 84, 90, 95-8, 105, 117, 118, 125-26, 131, 133, 139-44, 150, 154, 157, 160, 177-78, 185-90, 196-201, 206-13
psique/psíquico(a), 9, 32, 42, 52-6, 65-9, 72, 90, 98-102, 117, 133, 150-53, 162, 168-70, 175, 179, 187, 194-95, 203-04
   arquetípica(s), 90-1
   coletiva(os), 7, 15, 42, 43, 77, 88, 201-06
   objetiva, 16
   realidade da, 40, 98, 150
Puech, Henri-Charles: "Maniqueísmo", 169-70
   "O Conceito de Redenção no Maniqueísmo", 178-79

*quaternio*/quaternidade, 57, 99, 102, 174, 203, 207, 209

redimido(a)/redenção/redentor(a), 30, 33, 38, 43, 65-6, 105, 123, 126, 139, 142-43, 173-74, 178-80, 201, 205, 208
Reino dos Céus, 12, 17
religioso(a)/religião, 7-9, 33-4, 38-9, 47, 77, 105, 214
  vs. científico/ciência, 21, 26
ressurreição/ressuscitado/ressurrecto, 11, 17, 30-3, 39-42, 92, 137, 143, 213
roda da luz, 174. Ver também Mani
Roma/Romano(a), 7-9, 12, 15-6, 59-60, 146-47, 202

Saduceus, 11. Ver também Judeu(s)
salvação, 71, 133, 135, 193
Samaria, 45
Santa Perpétua, 154, 160-61. Ver também Tertuliano
  visões de, 160-64
Santíssima Trindade, 48, 202
*sapientia dei*, 55. Ver também Sofia
Satã, 46. Ver também mal
Schweitzer, Albert: *The Mysticism of Paul the Apostle*, 39
Self, 10, 15, 19-21, 29, 32-3, 41, 46-7, 50, 64-7, 72, 75, 81-2, 85, 105, 119, 136, 143-44, 156, 173-76, 179-80, 185, 188-94, 198, 206-07, 215
*separatio*, 177-80, 185
Simão Mago, 22, 43-58
  vida de, 44-7
símbolo vivo, 10
símbolo(s)/simbolismo/simbólico(a), 14-9, 20, 37, 57, 82, 84, 116, 118, 131, 138, 142, 145, 152, 164, 168, 176, 197, 201-04, 209, 214
  astronômico, 94
  de vários números, 77-9, 94, 207
  vivo, 10
Sinclair, Upton, 13
Smith, Morton: *The Secret Gospels*, 119
Sofia, 49-50, 53-5, 95-9, 101-04, 173, 177
sofrimento/padecia/sofre, 11, 20, 69, 72-3, 85, 95, 99, 104, 141, 169, 172-73, 176, 193

sombra, 89, 124-26, 170-71, 196, 200
sonhos(s), 34, 38, 48, 54-6, 82, 102, 108, 133, 154-56, 160-64, 192, 205
  de Jung, 103
  interpretação ou percepção dos, 136, 138

*teleios* (iniciado(s)/perfeito), 118, 135. Ver também Clemente de Alexandria
tentação, 15-6
Tertuliano, 61, 146-64. *Contra Márcion*, 64
  "A Apologia", 151
  sonhos, 154-56
  vida de, 146-47
  "O Testemunho da Alma", 150, 152
  *Tratado sobre a Alma*, 150, 154
transformação, 16, 21, 52, 61, 66-8, 72, 213
  da imagem-de-Deus, 73, 100, 105, 145, 174-75
três filiações, 76-86. Ver também Basílides
trevas/sombra/escuridão, 8, 16, 25, 54, 67-9, 79-82, 89, 120-21, 148, 164-66, 168-73, 176-79, 189, 195, 198-201, 213
Trindade, 18, 48, 186-87, 202, 205-09. Ver também Agostinho

Valentino, 93-100
  "O Evangelho da Verdade", 105-06
  sistema, 96, 106
verdade, 106, 109-14, 166, 169, 198, 214. Ver também Mani; Valentino
Virgem Maria, 12
visão(ões), 114-15, 118-19, 160-61. Ver também Clemente de Alexandria; Perpétua
von Franz, Marie-Louise: "The Passion of Perpetua", 160-61

Widengren, G.: *Mani and Manichaeism*, 166

Yahweh, 9-10, 55, 61-2, 65, 71, 77. Ver também Israel

Zelotes, 12. Ver também Judeu(s)/ Judaica